JN094716

なるにはBOOKS

高校調べ

農業科高校

中学生のキミと
学校調べ

大浦佳代 著

全国中学校進路指導・キャリア教育連絡協議会推薦

ぺりかん社

はじめに

　高校には、普通科のほかにも、個性的なさまざまな高校があります。この本のシリーズ「高校調べ」は、そんな個性的な高校についてくわしく紹介し、「どんな高校に進学しようか──」と考えている中学生のみなさんに、役立ててもらおうというものです。

　この本は、その個性的な高校のうち、「農業科」の高校について紹介します。この本で伝えたいのは、こんなことです。

　農業科の高校は、①農業の学科のほかにも幅広い学科がある、②どの学科の生徒にも人気の実習は、野菜（や家畜）を育てて食べる「命」の学び、③実習が多く、主に共同作業のためコミュニケーション能力や助け合いの力がつく、④自分で見つけた課題を探究する学習スタイルで課題解決の力がつく、などです。

　農業科の高校には、農業の学科だけではなく、庭づくり、お菓子や加工食品づくり、栄養や調理、被服、福祉など、幅広い学科があります。農業の学科にも、お米や野菜・果樹の栽培、畜産などのほかに、フラワーアレンジメント、植物バイオテクノロジー、ペットの飼育など、さまざまなコースや科目があります。

　多くの生徒に人気なのが、１年生の学科共通の科目で、野菜（や

家畜）を育てる実習です。収穫した野菜やお肉は、持ち帰って家族といっしょに食べる人が多いそうです。電車の中で、泥つきの大きなダイコンやハクサイを得意そうにかかえた高校生を見かけたら、それはきっと農業科の高校生です。

　この本には、農業科で実際に学ぶ高校生や卒業生、先生たちのインタビューをたくさん載せました。笑顔がはじける先輩たちの話から、リアルな農業科の高校生活を想像してみてください。
　そして、本を読んだらつぎはぜひ、農業科の高校の学校見学に行ってみましょう。学びの成果である展示や発表がキラキラ輝く、文化祭を見に行くのもお勧めです。在校生とふれあえるチャンスもあるかもしれません。

　では、ページを開き、広い農場とともにすごす農業科高校ワールドへ、どうぞ！！

高校調べ

農業科高校 ──中学生のキミと学校調べ

● 本書に登場する方々の所属などは取材時のものです。

［装幀・本文デザイン・イラスト］熊アート　　［本文写真］大浦佳代

1章

農業科って
なんだろう？

農業科ってどんなところ？

食や環境、生活技術までジャンルは幅広い

農業科にはこんな特色がある

農業科の高校と聞いて、どんなことを思い浮かべますか？ もしかしたら「農業のことだけを学ぶ学校」「地方の町にある学校」「農家ではない自分には関係がない」と、思う人もいるかもしれません。しかし、農業科の学びの分野は幅広く、東京などの都市部にも農業科の高校はあります。

また、農業や林業、漁業などの第一次産業は、すべての産業の基盤です。そのため、農業につながる産業や仕事には、とても多彩な広がりがあります。それに、命の源となる食料を生み出す農業は、あらゆる人にとって無関係ではありえません。農業、そして農業に関連したことを学ぶ農業科の高校は、あなたの身近なところにあるのです。

農業科の高校の、大きな特色をあげてみましょう。まず何よりも、農業や関連する産業のプロ（職業人）を育てる学校であるということ。食料の生産、食品産業、国土の環境保全など、持続的な社会を支えるプロになるための知識

と技術を学びます。

　学科やコースには、大きく分けるとつぎの三つの系列があります。「生産技術・経営系」(植物や動物の生産、農業経営など)、「環境技術・創造系」(造園、農業土木、林業など)、そして「資源活用・ヒューマンサービス系」(食品、生活技術[被服、保育や介護]など)です。学ぶ分野は幅広く、学科によって世界が違います。

　そして、実習が多く、資格の取得もできるのも特徴です。教室で知識を学ぶだけでなく、実践的に技術を身につける実習が豊富で、専門的な資格の取得もできます。

　地域の産業や社会とも深くかかわっていて、地域の課題に取り組むプロジェクト学習、課題研究も行います。

　また、専門分野の部活動がさかんなのも特色です。運動部や文化部のほかに、専門分野の学びを深める農業系の部活動があるのです。そして、発表大会、地域のイベントやコンテストへの参加など、校外活動のチャンスも豊富です。

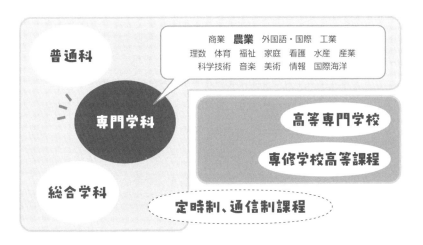

普通科

専門学科

総合学科

商業　**農業**　外国語・国際　工業
理数　体育　福祉　家庭　看護　水産　産業
科学技術　音楽　美術　情報　国際海洋

高等専門学校

専修学校高等課程

定時制、通信制課程

どんな 学 習 を するの？

学科や専門コースは、三つの系列に分けられる

地域や学校によって個性いろいろ

　農業科のある高校は、全国におよそ300校あり、約７万人の生徒が学んでいます（2022年度、文部科学省調べ）。このほかに、総合学科で農業が学べる高校もあります。また、夕方から授業が行われる「定時制」の高校もあります。

　意外に思うかもしれませんが、東京や大阪などの都市部にも農業科の高校はあります。たとえば東京には、農業科のある都立高校は８校もあり、うち３校は23区内です。

　先述したように、農業科には多様な学科やコースがあり、学校によって名称もいろいろです。また、１年生ではさまざまな学科の生徒が同じカリキュラムで学び、２年生から専門コースに分かれて学びを深める学校もあります。

　どの学校にもすべての学科やコースがあるわけではなく、地域ごと学校ごとに特色があります。みなさんの興味と、てらしあわせて見てみましょう。

植物や動物を育てる「生産技術・経営系」

　三つの系列の学科やコースをおおまかに見ていきましょう。まず、「生産技術・経営系」です。この系列は、みなさんがイメージする「農業」にもっとも近いかもしれません。

　野菜・草花・果樹を栽培する「園芸」や、米や麦など「作物」の栽培について、基礎的な知識と技術を身につけます。農業経営や食品加工、流通などについても学びます。

　植物バイオテクノロジーは、細胞の培養による品種改良、遺伝子分析など、農業の生産性を高めるのに欠かせない技術です。そのごく基礎的な知識と技術を学びます。

生産技術・経営系

● 野菜・草花・果樹などの栽培と経営　● 米や麦などの栽培と経営　● 植物バイオテクノロジー　など
● 産業動物（牛・豚・鶏など）の飼育と繁殖　● 実験動物（マウスやラットなど）の飼育と繁殖　● 愛玩動物（犬や猫など）のトリミング・人間の生活や健康への活用　など
● 農業機械の整備と利用

環境技術・創造系

● 公園や庭園の造園　● 森林の管理などの林業
● 農地や地域環境の保全にかかわる農業土木

資源活用・ヒューマンサービス系

● 食品の製造・加工や食品衛生　● 食品の栄養や成分の分析
● 食品の調理　など
● フラワーデザイン
● 服飾デザインなど被服　● 保育・介護などの福祉

動物にかかわる学科には、食卓にのぼる肉や卵、牛乳などの生産にかかわる「産業動物」のほか、マウスやラットなどの「実験動物」、犬や猫など「愛玩動物（ペット）」の三つのジャンルがあります。

　動物の世話や繁殖などについて、学校で飼っている動物たちとふれあいながら実践的に学びます。産業動物の学科では、農業経営や畜産物の加工、流通なども学びます。

　最近は、農業の分野でも AI（人工知能）や ICT（情報通信技術）の活用が進み「スマート農業」と呼ばれています。新しい時代の動きに合わせ、農業科の高校でも、先端技術を取り入れた授業が行われています。

造園や土木のプロを育てる「環境 技術・創造系」

　この系列の学科やコースの名称には、「緑地」「環境」「森林」「造園」「土木」などの言葉がよく見られます。

　都市の学校では主に公園や庭園など造園の学習、森林資源が豊かな地域の学校では林業についての学習というように、地域によって学びに特性があります。

　農業土木の学科では、農業の生産性を高めるための田畑の整地、水路や道路の整備など、土木技術について学習します。環境保全や農村計画などの視点も学び、国家資格を取得して地方公務員になる人材が多く育っています。

食や生活にかかわる「資源活用・ヒューマンサービス系」

食や生活技術にかかわる学習をします。

食品の学科では、農産物に付加価値をつけ、安全で機能性の高い食品をつくる知識や技術を学びます。

製造や加工のコースでは、ジャムや缶詰、くんせい、発酵食品（みそやお酒）、お菓子やパンなどの製造のほか、食品衛生、物流などについても学びます。

フラワーデザインのコースでは、花や観葉植物の栽培や利用について学びます。室内外を花や緑で彩り、くらしを豊かにする知識や技術を身につけます。

生活技術系の学科は、中学の家庭科のイメージに近いですが、より専門性の高い知識や技術を学びます。食生活、服飾デザインなどの被服、保育や介護などの福祉といったジャンルがあります。学科の名称は、「生活科学科」「生活技術科」「生活デザイン科」などが多いようです。

どんな 生徒 が 多いの？

生徒の多様さが人間性を豊かに

全体としては男女半々。男女比が違う学科も

　農業科高校の生徒の男子と女子の割合は、全体的としては同じくらいです。しかし学科によっては、男女の割合に違いが見られます。家畜やペットなど動物について学ぶ学科では女子の割合が高い傾向があり、生徒の7割が女子という高校もあります。食品・生活技術系列の学科も、女子生徒の割合が多くなっています。一方、造園や土木の系列では、男子生徒の比率がやや高いようです。

　今の社会では、誰もが自分の好きな職業に就くことができます。また、農業従事者（ふだん仕事として農業を営んでいる人）の半分は女性です。農地を借りて一人で農業を始める女性も現れてきています。

　農業科の授業では、真夏の炎天下や凍るような冬の野外での実習もありますが、生徒たちはみな、興味のある分野でいきいきと学んでいます。

入学のきっかけはさまざま

　多様な生徒が集まっていることも、農業科の大きな特色でしょう。入学のきっかけはさまざまで、中学の成績によって振り分けられているわけではありません。

　農業がさかんな地域では、家が農家という生徒もいて、「農業の未来は任せて！」という、熱い思いで学んでいます。しかし、農家の戸数が減っている昨今、多くの生徒の家庭は農業とは縁がありません。そのため、入学のきっかけで多いのは「好き」という思いです。自然が好き、植物に興味がある、土にさわるのが好き、動物とふれあいたい、お菓子が好きなど、さまざまな「好き」があります。

　ほかにも、専門的な技術を身につけたい、資格を取りたい、農業系の大学に進学したい、実習が多くて楽しそう、などの理由も聞かれます。さらには「なんとなく入学した」という人もいます。

　先生たちは「多様な生徒がいることで、たがいの個性を尊重しながら協力し合い、人間の幅を広げられる」と話し、多様性が豊かな人間性を育むと感じているそうです。

農業科

ならではの学び

主体的で実践的な学びと「命」の気付き

地域の産業や社会も学びの場

　農業の営みは気候や風土によって違いがあり、地域性の強い産業です。このことは、農業科の学習にも影響しています。たとえば同じ果樹の授業でも、西日本ならかんきつ類、北東日本ならリンゴについて学びます。あるいは、米どころなら稲作の学習は欠かせないなど、地域に密着した学びを大切にしています。

　また、地域の農場や研究施設、食品会社など関連産業とのつながりが深く、卒業生のネットワークが強いのも、農業科の高校ならではです。生徒が仕事を体験させてもらう「インターンシップ」、地元企業との食品の共同開発、大学との共同研究なども活発です。

　さらに、農業系の部活動や3年生の「課題研究」などでは、地域の産業や社会の課題をテーマに学習活動が行われています。農業科の学びは、地域全体をフィールドにしているといえます。

「プロジェクト学習」で主体的に学ぶ

　農業科の学びは、「プロジェクト学習」がベースになっています。これは、①自分で課題を見つけ、②解決のための計画を立て、③実験や調査などを行い、④結果を分析してまとめる、という一連の流れの学習法です（PDCA [Plan, Do, Check, Action] サイクルとも呼ばれます）。

　1年生の最初に、この学習方法の考え方について授業があります。その後は日々の授業の中で、先生たちは折にふれプロジェクト学習の習慣づけをうながします。

　この学びの集大成が、3年生で全生徒が学ぶ科目「課題

研究」です（34ページ参照）。各自が興味のあるテーマを決め、1年かけてプロジェクト学習の手法で研究をまとめます。「難しそう」と思われるかもしれませんが、心配ありません。日々の授業で学習法が身についていきますし、どの学科でも幅広く基礎的な知識や技術を学ぶので、必ず興味をひかれるテーマが見つかります。

コミュニケーション能力、生活力も身につく実習

　実習の授業が多く、実践的に学べるのも農業科ならではです。技術の上達は自分でわかります。「1年生のときは苦労したのに、3年生になったら楽々だ」という発見は、自分への自信につながります。また、実習ではさまざまな道具の使い方や身のこなしも学びますが、くらしの中で役立つ技術が多く、生活力も身についていきます。

　実習は共同作業が基本です。班やクラス全体で話し合いながら作業を進めるため、自然とコミュニケーション能力が鍛えられます。また、さまざまな作業を経験するうちに、自分の得意なこと、苦手なことがわかってきます。すると、たがいのよさや個性を認め合い、クラスで協力してものごとを進める雰囲気が生まれていきます。助け合いの大切さを知ることは、一生の財産になるでしょう。

奥が深い「命」の学び

　「命」の学びも、大きな特色です。1年生は「農業と環

境」という共通科目で、野菜や（学校によっては）家畜の
世話を体験します。自分で種をまいて大切に育てた野菜や、
えさをやって育てた家畜を、食べるところまで体験するの
です。この実習では、自然の大きさを実感するだけでなく、
「生き物」が「食べ物」になるという気付きから、自分の
「命」にも向き合うことになります。ふつうではなかなか
できない貴重な経験です。

　先生たちからよく、「農業科の生徒は、おだやかな性格
に育つ」という話を聞きます。自然や命の学びが、その土
壌になっているのかもしれません。

2章

どんなことを
勉強するの？

農業科高校は
こんなところ！

Ⓚ※

野菜や家畜(かちく)を育てて食べる「命」の学びがある農業科高校。
農業の学科のほかにも、庭づくりや森林、農業土木の学科、
食品の学科などもあり、楽しい実習や行事がたくさん！

広大な農場
Ⓣ

都市部でも、学校の農場は
広々。畑や果樹園、ハウス
などの施設(しせつ)も充実(じゅうじつ)（写真は
農場のごく一部）。

Ⓚ※

文化祭や直売に行こう
Ⓣ

文化祭では成果発表や展示、
乗馬や酪農(らくのう)の体験などもりだ
くさん！　直売ではとれたて
野菜やジャムなどがずらり。

Ⓚ

生き物いっぱい！

畜産系(ちくさん)の学科がある高校で
は、かわいい動物たちとふ
れあう毎日！

Ⓚ

実習いろいろ

栽培や飼育(しいく)のほかにも化学実験、お菓子(かし)づくり、農業機械の操作など、わくわくな実習がたくさん！

G※

プロをめざして実習！

T

剪定(せんてい)ばさみ、のこぎりを使いこなし、高い樹木(じゅもく)の剪定(せんてい)だってお任せ！

G

K※

制服いろいろ

G

制服に調理実習着に白衣に。農業科の高校生は毎日七変化！

Ⓣ 東京都立農芸高等学校
Ⓚ 神奈川県立相原高等学校　※取材先提供
Ⓖ 群馬県立勢多農林高等学校　※取材先提供

どんな  を過ごすの？

頭も体もフルに動かす 充実の毎日

座学と実習あり！　移動や着替えはテキパキと

　一般に、登校は8時半ごろです。部活動をしている生徒は、その前に朝の活動をすることも。運動部などは朝練習をしますが、農業系の部活動では動植物の世話をします。

　野菜や草花に水をあげ、動物の体調の観察、えさやり、ふんのそうじ、乳牛のお乳をしぼる搾乳など「ひと仕事」してから、作業着を制服に着替えて教室に向かいます。特に動物の世話は、365日休むことができないので、部員が交代で毎日行います。

　時間割は、午前中に4時間、午後に2時間が一般的です。また実習はふつう、2時間続きで行われます。実習の前後の休み時間は、移動や着替えなどで少しあわただしくなります。

　というのも、農業科の多くの学校には、本校舎とは別棟の「実習棟」があります。本校舎にはクラスのホームルームがあり、数学や国語など普通科の授業はここで受けます。

一方、実習棟は実習の授業のベースで、実験室や製図室、食品製造室、資器材や道具の収納庫、更衣室などがあり、学校によっては宿泊学習のための宿泊室も備えています。

また実習の授業は、学校が定めた実習着（作業着）を着て受けます。実習やつぎの授業に遅れないよう、着替えはだんだんと慣れてテキパキできるようになるそうです。

放課後には、部活動や委員会活動があります。部活動でコンテストやイベント、研究発表会に出ることも多く、その準備で活動時間が長くなることもあります。

なお、定時制のある学校では、全日制の生徒は17時半ごろに完全下校となり、定時制の生徒と入れ替わります。

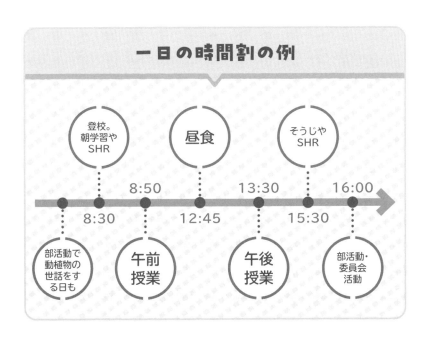

一日の時間割の例

登校。朝学習やSHR｜昼食｜そうじやSHR

8:30 8:50 12:45 13:30 15:30 16:00

部活動で動植物の世話をする日も｜午前授業｜午後授業｜部活動・委員会活動

3年間で どんな科目を学ぶの？

おもしろそう！こんな科目や実習がある

普通科目と専門科目の両方を学ぶ

　基礎的な学力をつけるため、授業時間数の3分の2は数学や国語など普通科の教科です。農業の教科は「農業」ただひとつで、その中にさまざまな専門科目があります。

　各科目の単位数は、学校や学科ごとに異なりますが、学科共通の専門科目が三つあります。1年生の「農業と環境」、3年生の「課題研究」、そして各学年の「総合実習」です。ほかに、1年生の「農業と情報」もほぼ全員が学びます。

　「農業と環境」では農業の基礎知識と技術を学び、野菜や家畜を育てます。「農業と情報」は、普通科の「情報」に相当し、基本ソフトの操作を通して、情報処理の考え方や手法を身につけます。「総合実習」は実習の総合的な科目です。

　右ページは、園芸・畜産・造園・食品の学科の時間割の例です。どの学科も3年生になると選択科目があります。

〈園芸（野菜・草花・果樹など）の学科３年間の時間割の例〉 ■は農業に関する科目

1年生

現代の国語	言語文化	公共	数学Ⅰ	科学と人間生活	体育	保健	芸術選択	英語コミュニケーションⅠ	人間と社会	農業と環境	農業と情報	総合実習	草花	HR	総合実習

2年生

現代の国語	言語文化	地理総合	数学Ⅰ	化学基礎	生物基礎	体育	保健	英語コミュニケーションⅡ	家庭総合	総合実習	野菜	果樹	草花	植物バイオテクノロジー	HR	総合実習

3年生

実用国語	歴史総合	数学A	体育	英語コミュニケーションⅡ	家庭総合	選択科目 普通科・農業科の中から各自の進路に合わせて２科目まで選択	課題研究	総合実習	野菜または植物バイオテクノロジー	果樹または園芸デザイン	総合実習

〈畜産の学科１年生の時間割の例〉 ■は農業に関する科目

1年生

現代の国語	言語文化	公共	数学Ⅰ	化学基礎	体育	保健	芸術Ⅰ	英語コミュニケーションⅠ	農業と環境	農業と情報	総合実習	畜産	HR	総合実習

〈造園の学科１年生の時間割の例〉 ■は農業に関する科目

1年生

現代の国語	言語文化	公共	数学Ⅰ	科学と人間生活	体育	保健	芸術選択	英語コミュニケーションⅠ	人間と社会	農業と環境	農業と情報	総合実習	造園植栽	HR	総合実習

〈食品の学科１年生の時間割の例〉 ■は農業に関する科目

1年生

現代の国語	言語文化	公共	数学Ⅰ	科学と人間生活	体育	保健	芸術選択	英語コミュニケーションⅠ	人間と社会	農業と環境	農業と情報	総合実習	食品製造	食品化学	HR	総合実習

園芸（野菜・草花・果樹など）の学科

　3年間で学ぶ専門科目には、「野菜」「草花」「果樹」「植物バイオテクノロジー」「園芸デザイン」などがあります。どの科目も実習で体験的に技術を身につけます。

　「総合実習」では、1年生は栽培技術の基礎を、2、3年生になるとより高度な技術を体験的に学んでいきます。

　「植物バイオテクノロジー」では、植物の細胞の再生能力と遺伝などについて学び、無菌装置で葉の細胞から葉を再生させる実験などを行います。

畜産の学科

　3年間で学ぶ専門科目には、「畜産」「飼育と環境」「食品製造」「農業機械」などがあります。「畜産」「食品製造」は座学で、実習は「総合実習」で行います。

　1年生の「総合実習」では、牛・豚・鶏の飼育の基礎を体験的に学びます。3年生になると牛・豚・鶏の班に分かれ、各自が興味のある分野の学びを深めていきます。

　「飼育と環境」は、2、3年生で学びます。座学と実習が半々で、実習ではえさの分析、家畜の血液や糞便の検査、牧草を発酵させる菌類の培養などを行います。

　2年生の「食品製造」では、座学で畜産物の利用や流通などについて学び、「総合実習」でソーセージや乳製品をつくります。3年生の「農業機械」はほぼ実習で、草刈り機から大型機械まで、さまざまな機械を操作します。

造園の学科

　3年間で「造園植栽」「造園計画」「造園施工管理」「測量基礎」などの専門科目を学びます。どの科目にも技術の習得のための実習があり、全体の7割ほどが実習です。

「造園植栽」では、1年生では庭に植える植物の種類や管理の基礎を学び、2年生では応用の幅を広げます。

「総合実習」も、1年生でははさみやのこぎりなど道具類の基本的な扱い、図面描きの基礎を習得し、学年が上がるごとに高度な技術に挑戦していきます。

　2、3年生の「造園計画」では、パソコンによる図面描きと設計を学び、「造園施工管理」では、レンガやセメントの施工、垣根づくりなどを2年かけて習得します。

食品の学科

　3年間で「食品製造」「食品化学」「食品微生物」「食品流通」などの科目を学びます。どの科目も座学です。

「食品製造」では加工食品の特性や食品衛生などを、「食品化学」では食品の成分や栄養素と分析法、衛生検査などを学びます。「食品微生物」では、発酵や腐敗をおこす微生物を取り上げ、発酵食品の製造法も学びます。「食品流通」では、流通の仕組みや食品表示などを学びます。

「総合実習」は、1年生では基礎的なお菓子づくり。2、3年生では、さまざまな加工食品の製造、化学実験、きのこ類の栽培、包装のデザインなどを体験します。

実習をする農場はどんな場所なの？

広い農場は、生徒たちの夢も育ててくれる

学校の農場は、まるで農業のテーマパーク

　農業科の高校は、必ず実習のための農場を備えています。東京23区内の学校にも、「こんな住宅密集地に!?」と驚くような広々とした畑や果樹園があります。

　農場の施設は地域や学校によって違いますが、たとえば田んぼ、麦畑、野菜の畑、ビニールハウスやガラス温室、果樹園、牧草地、牛・豚・鶏、馬や小動物を飼う畜舎、馬を走らせる馬場、牛やヒツジなどの放牧場、色とりどりの花壇、さまざまな庭園の見本園や盆栽場、樹林地、針葉樹の演習林など、実にさまざま。

　学校の農場は産業用ではないので、それほど規模は大きくありませんが、農業の多様な要素や設備がつまっていて、まるで「農業のテーマパーク」のようです。

　また、コンピュータ制御のシステムを備えたハウス、牛の体調を24時間見守るセンサー、農業用ドローン、自動走行のトラクターなど、スマート農業の導入も進んでいます。

学科ごとに実習着や「マイ道具」がある

　実習中の生徒の安全性や食品衛生を守るため、学校ごとに実習着を定めています。学科によって作業の内容が違うので、デザインや機能が異なります。また、学年ごとに生地の色を変えている学校もあります。

　学校や学科によっては、入学時に各自が「マイ道具」を用意することもあります。実習着をきちんと身につけることや、道具の手入れは、技術の学びの基礎です。

3年生の 課題研究 ってどんなもの？

3年間の学びの集大成で、発表会もある

「プロジェクト学習」の手法で研究

　農業科の伝統的な科目に、3年生の「課題研究」があります。これは普通科の高校では「総合的な探究の時間」に相当します。ただし「総合的な探究の時間」は2022年度から始まった新科目ですが、農業科では何十年も前から、3年生全員が「課題研究」で探究学習に取り組んできました。

「課題研究」は、3年間の学びの集大成です。興味や「好き」を深掘りすることで、進学や就職を方向づけるなど、課題研究が人生の道しるべとなることもあります。

　そんな大切な科目なので、どの学校でも1〜2月ごろ、学科ごとに課題研究の発表会を開催し、3年生の全員が発表します。学校によっては、各学科からすぐれた研究を選び、全校集会で発表することもあります。

　基本的に一人で自分の課題を研究しますが、学校や学科によっては数人のグループで研究するケースもあります。

課題研究の大きな特徴は、①農業科の学びのベースである「プロジェクト学習」の手法で行うこと、②地域や社会の課題を意識してテーマを設定すること、です。

　プロジェクト学習は、17ページですでに記したように、①自分で課題を見つけ、②解決のための計画を立て、③実験や調査などを行い、④結果を分析してまとめる、という流れです。この学習の方法は、日々の農業科の科目で少しずつ身につけ、3年生の課題研究で成果が発揮されます。

自分の興味を核に研究テーマを決める

　研究のテーマは、2年生までの学びや体験の中で興味をひかれたことを核に、地域や社会の課題を意識しつつ自分で設定します。もちろん、先生たちがしっかりサポートし、ヒントなどきっかけづくりの指導をしてくれます。

　研究テーマには、こんな例があります。

規格外で捨てられる野菜の活用法と SDGs ／微生物の種類による堆肥の効果の比較／食用の花で収益アップ／果実にかぶせる袋の素材や色の比較／果実の搾りかすを家畜の飼料に活用／女性が働きやすい農作業の工夫／放置された竹林を竹細工で活用／屋上を緑化して建物の温度を下げる／特産物の加工品開発で消費アップをめざす／山菜の栽培と加工で伝統文化を守る／小麦アレルギーの人のためのケーキ開発／おいしい昆虫食の開発／ペットといっしょに食べられる食品の開発／

いずれも、生徒それぞれの個性や思いが光っています。

どんな 先生 が 教えてくれるの？

生徒指導に農場管理も！　先生は大活躍

時代の変化に合わせ、常に学び続ける

　農業科の先生たちは、農業系の大学などで「農業」という種類の教員免許状を取得しています。この免許は、農業科のすべての系列に共通です。ですから、たとえば大学では食品系の学科で学んだ先生が、園芸や畜産、造園などの専門科目を教えることもありえます。

　また、農業という産業は、社会の変化とともにたえず進化しています。「スマート農業」などの先端技術、環境にやさしく持続可能な農業の手法、国際基準になりつつある栽培管理や食品衛生の認証取得など、先進的な指導ができるよう、先生たちは常に学び続けています。

指導も農場の管理もチームワークで

　農業科の先生たちはチームで指導にあたることが多く、実習は必ず複数の先生たちで指導します。実習は少人数指

導がふつうです。生徒を班に分け、班ごとに先生がついて確実に技術が身につくよう指導します。

また、重機や刃物などを扱う実習や、体重が700キログラムもある乳牛の体にふれて搾乳する実習などもあり、先生は常に生徒たちの安全を見守っています。

そのため、農業科には「実習助手」という先生たちもいて、授業をサポートしています。教員免許をもたない実習助手の先生もいますが、専門的な知識や技術があり、実習の準備や補助的な指導をしてくれます。

農業科の先生たちの仕事は、生徒の指導だけではありません。学校には広い農場があり、家畜を飼っている学校も多いため、休日にも交代で農場の管理や家畜の世話などをしています。こういうところでも、先生たちのチームワークは発揮されています。

その道のプロの外部講師も

クラスの担任は、農業科の先生だけとは限らず、数学や国語など普通科の先生も受けもちます。たいていは、担任か副担任のどちらか一人は農業科の先生で、専門的な学びや進路などについて相談にのっています。

その道のプロが、非常勤講師や外部講師として招かれることもあります。たとえば、パティシエ、パン職人、生け花の先生やフラワーデザイナーなど高い技術をもつプロたちが直接、指導をしてくれます。このような講義は、農業科の先生たちにもよい刺激になるといいます。

とれたて野菜の味を知る
「生産者」としての経験

東京都立農芸高等学校
園芸科学科

寺嶋紀和さん

常に新しい技術や考え方を取り入れ、「職業としての農業」の基礎を教えています。実習では、生徒が協力しながら主体的に学べる場づくりを心がけています。

人との出会いの場を整えたい

　私は中学から野球をやっていて、よい先生や仲間に恵まれました。「学校は人との出会いの場で、仲間は一生の財産だな」と思い、そんな場を整える教員をめざしました。

　高校は普通科でしたが、生き物好きで理科も好きだったので、東京農業大学に進学しました。大学では、田んぼが環境保全に果たす役割について研究しました。

　最初に教員として採用されたのは、北海道余市郡余市町

の余市高等学校（現・余市紅志高等学校）の園芸科です。先生も学校もすばらしく、教員としての基盤が培われました。10年ほどで東京に戻り、まず都立農産高等学校で食品科を受けもち、ついで都立多摩科学技術高等学校でバイオテクノロジーを専門に教えました。４年前から、本校の園芸科学科を担当しています。

農業を職業にできる知識と技術を学ぶ

　農業科の高校の雰囲気は、地方と東京とでは少し違います。余市町は農業がさかんで、家が農家という生徒が一定数いました。農業系の部活動などでは、農家になるという将来像をみすえ、身近な地域の課題や特産物にかかわる研究に取り組んでいました。また、学校の農場が広いので、生徒が加工して販売するジャムなどの原料はすべて校内産。とにかくスケールが大きかったですね。

　一方、東京の高校では、家が農家という生徒は全校に１人いるかどうか。しかし都立農芸高等学校でも、農業を職業にできる知識と技術、経営感覚を身につけることをめざします。これは入学してすぐ、しっかりと伝えています。「みなさんには、栽培技術の基本を３年間でマスターしてほしい。ここで学ぶのは、収穫物でお金を得て自分と家族を養える、職業としての野菜づくりです」と。

日々の授業でも、この点は意識します。たとえば、２年生では各自２株ずつトマトを栽培しますが、収穫した実は糖度と重量を測ります。大きすぎる実や傷ものは、実際の農業では「規格外品」なので除外し、収量をクラスで競います。実際の農業の厳しさも、学んでほしいのです。

都会の学校でも、畑や施設が充実

　校内の施設は、さまざまな実習が行えるよう充実しています。ここは23区内ですが、敷地は広大です。まず野菜のほ場（畑）が２カ所あります。露地の畑が広がり、ビニールハウスも５棟。ハウス内ではトマトやコマツナなどの野菜や、鉢植えの草花などの栽培実習を行っています。

　ガラス張りの温室もあります。うち１棟は水耕栽培の施設です。土ではなくスポンジのような培地に苗を植え、養分を含んだ水を流して育てます。しかも、コンピュータの自動制御で、窓の開閉や養液の量がコントロールされています。ほかに、バナナなど熱帯植物の温室や盆栽場もあって、３年生の選択科目で実習ができます。

　校舎から徒歩数分のところには、果樹園もあります。リンゴ、ナシ、カキ、ブドウ、ブルーベリー、キウイフルーツ、栗などさまざまな果樹が植えられ、花の受粉、芽や枝の整理など、ひと通りの栽培管理を学べます。

実習では、生徒が協力しながら主体的に学ぶ

　　実習では、生徒どうしの協力が不可欠です。私たち教員は、集団での学びを大切にしています。たとえば、畑にキャベツの苗を植える実習で、教員が細かく手順を教えてしまうと、生徒はただの作業員になってしまいます。そこで「自分たちで目標を立て、必要な道具や作業の手順を話し合って決めましょう」と伝えます。教員の役割は、生徒が活発に意見を出し合えるよう、サポートすることです。

　　こうして主体的な学びの習慣をつけていくと、協力すれば何倍もの効果が出ることを、生徒たちは体験的に学んでいきます。さらに、周囲を見ながら自分の役割を考えて動けるようにもなります。適材適所で、それぞれが個性を伸ばせるのも、農業科の高校のよさですね。

　　園芸の特性もあります。たとえば食品加工には決まったレシピがありますが、植物の栽培は自然が相手です。湿度や温度、生育状況などを観察して対応する必要があります。ですから、生徒の意見の出し合いはより深まるのです。

各自2株の「マイ・トマト」
を大切にお世話

41

新しい技術や考え方にも敏感に

　農業は日々進歩しているので、新しい技術や考え方を常に授業に取り入れるよう心がけています。

　たとえば ICT です。実習での野菜の栽培記録は、以前は紙にスケッチしていました。しかし数年前から、生徒が各自のスマートフォンに農業用アプリを入れて写真で記録しています。アプリだと生育管理のさまざまな機能もあるので、本人のやる気しだいで学びをより充実させることもできます。

　新しい考え方の例としては、GAP（農業生産工程管理）があります。GAP は環境保全や食の安全、人権などに配慮した手法で、認証制度があります。近年、輸出入などの基準になっていて、東京2020オリンピック・パラリンピック競技大会でも GAP 認証が食材調達の条件でした。

　それをきっかけに、校内のほ場の一部で東京都 GAP の認証を取りました。取得に向けては、教員も生徒といっしょにかなり勉強しました。おかげで生徒が栽培したトマトを選手に食べてもらうことができました。その後も GAP 認証のほ場は維持し、教材として活用しています。

真っ赤に色づき始めたトマト。
いよいよ収穫！

「生産者」として地域に貢献

　ほかにも、野菜や草花の「生産者」としての活動は、いろいろあります。校内には直売所があり、週に2回、校内でとれた野菜や果物を販売しています。新鮮でおいしい、と地域の人たちに喜んでもらっています。接客は外部に委託していますが、販売する野菜の栽培と収穫、袋詰めなどは、主に農芸研究部の部活動で行っています。

　ほかに、都心で開かれるマルシェにも参加しています。こちらは希望する生徒が栽培から取り組み、販売員も務めます。多くのお客さんと接し、他の高校とも交流できるので社会性を身につけるいい機会になります。また、東京都庁と阿佐ケ谷駅前の花壇に年2回、実習で育てた草花を植えに行き、多くの人に親しんでいただいています。

　「生産者」としての醍醐味は、やはりとれたての野菜の味を知っていることでしょう。スーパーに並ぶ野菜は収穫から数日たっているので、多くの人はとれたての野菜の味を知りません。ついさっきまで生きていた野菜の「命の味」を味わえるのは、自分の手で収穫する生産者だけです。

　わずか3年間の高校生活ですが、食料の生産は、かけがえのない人生経験になるはずです。

生徒に**多くの体験**をさせ
探究心を育む

神奈川県立相原高等学校
畜産科学科

佐々木真彩さん

実習では生徒に多様な体験をさせ、座学
では写真が多くわかりやすい教材を作
成。酪農の部活動の顧問としても、生徒
の探究心を育んでいます。

いろいろな動物がいる楽しい学校

　私は北海道の帯広畜産大学を卒業して教員になり、はじ
めての赴任校が相原高等学校です。今、畜産科学科は1学
年1クラスで、教諭は4人います。実習助手の先生も3人
いて、実習の準備や動物の世話などをしてくれます。

　もともと私は動物が好きで、神奈川県立中央農業高等学
校に入り、養豚の部活動に熱中しました。大学を卒業後、
大学院に行くか教員になるか迷っていたとき、高校時代の

恩師から本校での教員募集について聞き、充実していた高校時代を思い出してこの道を選びました。

学校には、畜産農家のように本格的な畜舎や機械などがあり、教材として牛・豚・鶏を飼育しています。ほかに実験動物のマウス、イヌ、ポニー、ヤギやヒツジも何頭かいて、学校はとても楽しくにぎやかです。

教員は牛・豚・鶏の担当に分かれ、私はベテランの小笠原直樹先生といっしょに牛を担当しています。動物たちの日々の世話は部活動で生徒たちが行いますが、教員も常に目を配り、授業のない日にも交代で畜舎を見に来ています。

鶏 を育てて食べる1年生の実習

カリキュラムですが、1年生では農業や畜産の基礎を学びます。牛・豚・鶏の飼育管理について座学で学び「総合実習」で飼育の体験もします。

1年生の実習のハイライトは、鶏の飼育です。校内に泊まる宿泊実習で卵からヒナをかえし、大切に世話をして育てますが、最後は解体して親子丼にして食べてしまいます。

かわいがって育てた鶏を食べるの？　と思われるかもしれませんが、家畜は人間が利用するために飼う「産業動物」です。生徒は理解し、動揺する人はいませんね。

この点は、中学生向けの説明会でよく説明し、実習を経

験した生徒からも話してもらっています。ですから、農業高校の説明会には、ぜひ参加してほしいと思います。

　食べるといえば、本校では育てた牛を食べる体験もさせています。お肉はパック冷凍_{れいとう}して校内の直売所で売りますが、各部位を生徒に「試食_{ししょく}」させます。自分たちの飼育_{しいく}の結果を知るためで、これも大事な学びの体験です。

手づくり教材で授業をわかりやすく

　2年生になると実習はレベルアップし、牛の搾乳_{さくにゅう}も行います。また、飼料_{しりょう}の成分分析_{ぶんせき}や血液の分析_{ぶんせき}、牧草を発酵_{はっこう}させる菌_{きん}の培養_{ばいよう}や、糞便_{ふんべん}を顕微鏡_{けんびきょう}で調べる実習もあります。糞_{ふん}の中には、寄生虫の卵などがよく見られますよ。

　採血の実習はヤギとヒツジで行っていて、希望する生徒に体験させています。見るのと実際にやるのとでは学びの深さが違_{ちが}いますので、どの科目でもなるべく体験できる機会を増やすよう心がけています。

　座学も先生がスライドを用意して、わかりやすく教えています。教科書がない科目もあるので、どの先生もイラストや写真をたくさん入れて教材をつくっています。

　私は大学のサークルで北海道中の牧場を見学したおかげで写真が豊富にあり、思いがけず助かっています。雪に埋_うもれた牛の写真は大うけだし、生徒から「実習した牧場に、

先生の写真で見た設備があったよ」などと言われることも
あり、生徒の興味とマッチするとうれしいですね。

　３年生になると、牛・豚・鶏の専門コースに分かれ、よ
り専門的に学んでいきます。また、課題研究にも取り組み
ます。研究テーマは各自で決めるので、私たち教員は生徒
が探究心を伸ばせるよう努めています。授業でさまざまな
体験をさせるのも、その環境づくりにつながっています。

生徒の学びのためなら何でもやる！

　より多くの体験をしたいという生徒には、部活動という
場があります。本校には、畜産部の牛プロジェクト・豚プ
ロジェクト・鶏プロジェクト、馬部、マウスやイヌを飼育
する愛玩実験動物班などの部活動があり、畜産科学科の生
徒の７割ほどが入っています。

　私と小笠原先生は、牛プロジェクト（牛プロ）の顧問で、
「生徒のためになるなら、どんなことにも対応する」とい
う思いでいます。ただし、安全管理にはとても気を使い、
これがいちばんの苦労かもしれません。何しろ牛は体が大
きいですから、常に目配りをしています。

　牛プロの主な活動は、①プロジェクト活動、②乳牛の共
進会への参加、③地域活動、などです。プロジェクト活動
とは研究の活動で、興味のあることを調べたり、仮説を実

験で検証したりして、論文と発表資料にまとめ上げます。テーマはたとえば、乳牛のジャージー種のオスを肉用に育ててみる、放置竹林の竹炭を肉牛に与えて肉質をよくし地域の課題も解決する、保育園での食育、サシバエの防除など、生徒の視点はおもしろくて感心します。

地域の農家との連携は、農業高校の強み

　共進会と地域活動は、伝統的に力を入れている活動です。共進会は家畜のコンテストで、体格や骨格、乳房の高さや張り、全体の美しさなどを競います。本校は受賞の常連で、これは生徒たちの飼育技術の成果です。日頃から牛をよく観察して、熱がある、食欲がないなど異変にすぐ気付いて世話をすることで、すぐれた牛が育つんです。

　地域活動には、校内の直売所や体験教室、地域の牧場との交流などがあげられます。本校は「酪農教育ファーム」の認証牧場で、小学校の体験学習なども引き受けています。小学生に教えることで、生徒は自分の学びを確かなものにし、話し方や安全面の目配りなども身につけていきます。

　地域の農家とのネットワークは、農業高校に共通の特徴ではないでしょうか。神奈川県内には100ほどの牧場があり、生徒の実習の受け入れ、家畜の学校への提供など、さまざまな面でお世話になっています。

こうした活動を通して、生徒は世代の違う多くの人たちと交流できます。より広い世界を知る機会となり、地域に人として育てていただいていると感じています。

農業を支える「よき理解者」を育成

卒業後の進学率は9割に近く、4年制大学と専門学校が半々ぐらいです。卒業後は畜産農家で働く人もいますが、北海道、岩手、茨城などの大規模経営での就農が多いですね。なかには経営者をめざす人もいて、数年前の卒業生が今度、北海道で牧場経営を始めると聞きました。

ほとんどの卒業生は農業以外の仕事に就きますが、一般の人は食料生産や畜産業についてあまり知らないので、知識をもつ卒業生が農業の「よき理解者」になることを期待しています。農業は国の基盤産業です。さまざまな面から農業を支える豊かな人材を育てられたらと願っています。

総合実習で、牛の体について解説
取材先提供

緑の空間をつくる
プロフェッショナルを育てる

東京都立農芸高等学校
緑地環境科

清水邦男 さん

生徒が広い視野と感性を育むことを大切に、指導をしています。また最新の情報に敏感で、時代に合った技術の習得や資格取得をサポートしています。

子どものころから造園に興味

　私は、東京の都心で育ちました。自然が好きで、よく虫とりをしたし、絵の宿題でホテルの広い庭園を描いた思い出もあります。都市は、計画的に緑の憩いの場をもうけているので、むしろ地方よりも公園が多いんです。様式も多様で、伝統的な大名庭園、明治の洋風庭園、最先端のデザインまでさまざまです。私は小さいときから造園に興味があり、大学は園芸学部の造園学科で学びました。

　大学を卒業後、東京都で農業科の教員になり、以来、都立の三つの農業高校で教えてきました。学校によっては食品系の学科を受けもったこともありますし、園芸科で主に草花の栽培を教えたこともあります。食品や園芸はもともとは専門外ですが、同僚の先生たちに教えていただきながら学び、新鮮な思いで教壇に立ってきました。

　本校への赴任は2回目で、前回も今も緑地環境科を担当しています。

取材先提供

国家資格の取得と卒業庭園の制作

　農業高校は、力を入れる教育活動に学校ごとのカラーがあります。本校の緑地環境科の特色は、ひとつは資格の取得です。2年生で、全員が造園技能士3級の取得にチャレンジします。これは造園業の知識と技能の国家資格で、3級から1級まであります。資格を取得していれば就職で有利ですし、その分野の仕事に就いてから苦労が少なくてすみます。私たち教員は、検定のための準備や練習をしっかりと指導し、例年9割の生徒が3級を取得しています。

　2級の取得をめざすのは3年生の希望者で、全体の3分の1ほどです。2級を取れば即戦力として認められ、造園会社に就職する生徒が多いですね。

　もうひとつの特色は、3年生がクラス全員で取り組む卒

業庭園です。区画は10×10メートルと広く、各生徒が描いた設計図からクラス投票でひとつ選び制作します。いわば3年間の学びの集大成。技術面はもちろん、仲間と協力する人間性の面でも大きな成長を見せてくれます。

　完成した庭園は文化祭で保護者に見てもらうほか、毎年12月に東京建設業協会が新宿駅西口広場イベントコーナーで開くコンテストにもパネル出展し、最優秀賞の常連です。

　卒業庭園は10年ほど保存しておくので、手入れのために卒業生が集まる場にもなっているようです。

取材先提供

多彩な技術が身につく実習

　緑地環境科の授業は、全体の7割ほどが実習です。東京都立農芸高等学校には、本校舎とは別に緑地環境科の実習棟があります。製図机が並ぶ製図室や、パソコンが置かれた情報教育の教室、測量の実習室のほか、更衣室、教員の実習準備室、コンクリート打ちの作業スペース、さまざまな道具類や資材の収納庫も備えています。本科の生徒が自由に使えるので、昼休みや放課後の居場所にもなっていますね。

　実習の内容ですが、1年生ではまず樹木や草花の種類と育て方を覚えます。技術面では、はさみとのこぎりの使い方に始まり、樹木の枝の剪定、移植、ホー（立ち鎌）を使

った草刈りなど、農場管理の基本を学びます。

　そうそう、入学時には道具類を各自で用意してもらいます。剪定ばさみ、のこぎり、道具を収納する腰ベルト、地下足袋、ヘルメット、実習着と帽子に手袋のほか、コンパスや定規など製図用具も必要です。

　製図の実習もあり、１年生は設計図を手描きで写すトレースを学び、10月に全員がトレース技能検定３級を受けます。しっかり指導しますので、全員が合格しています。

取材先提供

くり返しの練習で技術を確かなものに

　２年生になると造園施工の技術、たとえばセメントの使い方やレンガ積み、竹を切って垣根をつくる技術などを学びます。製図の実習は、２年生ではパソコンで製図ソフトを使い、設計図をつくることをめざします。

　また、測量の実習も加わります。「平板測量」という基礎的な測量法のほか、光学レンズを内蔵したデジタル測量機の使い方も身につけます。デジタル測量機は高価な教材ですが、現場で一般的に使われるため学校でも備えています。実習で扱いに慣れておくと就職後に役立ちます。

　その他、バックホー（ショベルカー）やクレーン、刈払機（原動機つきの草刈り機）などの特別講習などを、希望者向けに開催しています。講習を受けた生徒には、実習の

授業中に操作させることもあります。

　3年生の課題研究は、グループで取り組むことが多いですね。造園技能士2級の取得のほか、日比谷公園ガーデニングショーに出展する小庭園の制作など、例年、課題研究の時間を使って取り組んでいます。ほかに今年は、樹木の剪定技術の向上、チェーンソーと刈払い機の技術向上、平板測量の競技会出場などにグループで取り組みました。

　緑地環境科で学ぶ技術の習得は、くり返しの練習が必要です。授業時間はかぎられていますが、少しでも練習の機会がとれるよう、気を配っています。

取材先提供

広い視野と植物の変化に気付く感性を

　私たちの教育目標は、「緑の空間をつくるプロフェッショナル」の育成です。資格の取得はその一環ですが、技術だけでなく広い視野をもつことも大切にしています。緑の空間をつくる植物は、日々変化します。もうすぐ花が咲くとか、枝葉の伸び方はどうか、病気は出ていないかなど、変化に気付く感性を育んでほしいと思っています。

　また生徒には、積極的に公園を見て歩こう、言っています。たくさんの公園を観察すると、自分なりの「見る目」が養われ、実習にも就職後の実務にも生きてきます。

　すぐれた人材を育てるため、教員も常に努力しています

よ。私は休日にさまざまな公園を訪れ、気になった樹木やデザインを撮影してストックしています。海外の庭園のテレビ番組を録画することもあります。こうした画像は授業で教材として使い、生徒の理解に役立てています。

また、今の社会は変化が大きいので、新しい情報にも敏感でいようと心がけています。よく卒業生が遊びにくるので、雑談から学べることも多いんです。大学の授業の内容、造園のデザインや樹木の流行、公共事業の傾向など、いろいろと教えてもらいます。この雑談は、卒業生の成長がうかがえて、とてもうれしいひとときでもあります。

卒業後の進路ですが、進学と就職で半々です。全員が造園のプロになるわけではないですが、緑地環境科の卒業生は生活力の高さが違うと実感しています。植物の栽培ができ、さまざまな道具やロープなどを扱うことができます。もしかしたら、災害時にも力を発揮できるかもしれません。そんなたくましい卒業生たちを誇らしく思っています。

取材先提供

3年生ともなると測量も
慣れたもの

楽しさも**プロの厳しさ**も学び
成長する 3年間

群馬県立勢多農林高等学校
食品科学科

澁澤遼子さん

生徒がみずから考える姿勢を大切にし、
食にたずさわるプロの厳しさも指導。3
年生の課題研究や部活動では、地域との
交流を支援しています。

成長期の生徒に伴走するやりがい

　農業科の教員は、農業科の高校の出身が多いんですが、
私は県内の普通科高校の出身です。大学は農学部の園芸の
学科で学びました。農学部を選んだのは、高校生のころ注
目されたバイオテクノロジーにあこがれたことや、テレビ
番組で大学生が農業をしているのを見て、「おもしろそう
だな」と思ったことなどがきっかけです。

　大学は他県でしたが、群馬県は農業が多様だし災害も少

ないという「よさ」を再発見し、帰ってきました。実は、私は県の職員になって農業の研究がしたかったんです。でも、なかなか採用されませんでした。それで農業科の高校で臨時教員をしているうちに教員採用試験に合格し、教員として生きていこうと決めました。

　高校の3年間って、人生の中でも葛藤や変化が大きい時期です。そんな成長期の生徒たちに伴走する教員は、責任も重いですが、大きなやりがいもあると感じています。

加工品で付加価値をつける食品製造

　食品科学科の専門科目には「食品製造」「食品化学」「食品微生物」「食品流通」などがあります。少しくわしく紹介しましょう。まず「食品製造」。"製造"は"調理"とは違います。日々の食事をつくるのが調理。一方、製造は、農水産物を加工して、保存期間を長くしたり栄養価を高めたりして、付加価値をつけることをさします。

　座学では、製造の基礎知識のほか、食品衛生、食品の包装と表示などについても学びます。実習では、さまざまな食品を製造します。生徒たちはみな、実習が大好きです。

　1年生はイチゴジャムから始め、プリン、マドレーヌ、シフォンケーキなど、レベルを上げていき、冬にはデコレーションケーキをつくります。2年生では製菓に加え、専

門講師を招いて製パンも学びます。また、食肉の専門学校のご協力で、ハムやソーセージの実習も行っています。3年生になると、発酵食品のみそづくりにも挑戦します。

実習では、教員は指示ではなく「問いかけ」をし、生徒自身に手順ややり方を考えさせます。学びを確実に自分のものにさせるためです。ですから私は、製造の実習では手も口も出しすぎず、生徒といっしょに楽しむ感覚でいます。

解明のメカニズムのおもしろさを伝える

「食品化学」では、食品の成分について学びます。たんぱく質、脂質、炭水化物、ビタミンなど食品の栄養成分の基礎知識、成分の分析や抽出方法のほか、栄養と健康のかかわり、衛生検査などについても学びます。

実習は、化学実験が中心です。たとえば、オレンジジュースに含まれるクエン酸の量を測定したり、油脂から石けんをつくったりします。3年生になると、ケルダール窒素分解装置やソックスレー抽出器など、名前からしてすごそ

シイタケの子実体分離の実験
取材先提供

うな装置を使い、たとえば、ケルダール法を用いてきな粉に含まれるたんぱく質の量の測定などを行います。

　私は、実験が大好きなんです。食品に特定の成分が含まれているか、どのくらいの分量かなど、実験による解明のメカニズムに「おもしろいなあ」と、興味をひかれます。授業では、生徒たちも「おもしろい」と思える視点を何かしら見つけられるよう、働きかけています。

プロの「厳しさ」もしっかりと指導

　「食品微生物」では、発酵や腐敗など、食品とかかわりの深い微生物について学びます。微生物の種類や利用などの基礎知識を身につけ、実習ではカビや酵母の培養、キノコの栽培などを行っています。

　「食品流通」は、加工品を製造したその先ですね。品質や安全性、法律で定められた規格、消費者に届くまでの流通の仕組みや輸送などについても学びます。

　このように食品科学科の学びは多様ですが、すべてのベースにあるのは、食にたずさわるプロの「厳しさ」です。なんとなく食に興味があって「楽しそう」というイメージで入学する生徒は多く、もちろん歓迎です。しかし日々の授業では、厳しさの面もしっかり指導します。爪切りや手洗いをはじめとした衛生管理、器具の後片付け、加工製品

や食材の保管を含めた安全管理など、口うるさく言います。また、原価計算や販売方法など、経営面を考えさせる指導もします。

　卒業してすぐ就職する生徒もいますので、こうした指導は、社会に出て困らないようにという思いからです。「好き」という気持ちを大切にしつつ、厳しさや苦しさにも対応し、乗り越える力をつけてほしいと願っています。

取材先提供

課題研究や部活動で、課題解決力をつける

　農業科の高校の大きな特徴は、３年生の課題研究や部活動で、地域や社会の課題に取り組むことです。

　課題研究は、生徒がそれぞれ自分のテーマを決めますが、農業高校は地域とのつながりが深いため、地域の課題がよく取り上げられます。今年度も、地域の特産品のしょうゆ・みその加工品開発など地域産業に関連するテーマが10近くあります。また、昆虫食、子ども食堂、食品包装と海洋プラスチック問題などの社会的な課題、あるいは小麦アレルギーをテーマに選んだ生徒もいますね。

　地域や社会の課題を考えることで、生徒は視野を広げます。また、テーマ決めから研究のまとめまで一貫して行うので、大きな達成感も得られます。課題研究をやりとげ、生徒は自分に自信をつけて卒業していきます。

部活動で、校外活動の経験を重ね成長

　部活動では、プロジェクト活動を行います。食品系の部活動は四つあり、そのなかのひとつ食品製造部ではこの数年、県内産の紅茶をテーマに研究しています。びっくりするほどおいしいのに知名度が低く、農家も高齢化しているそうで、生徒がPRしたいと興味をもちました。

　プロジェクト活動は、生徒に「やりたい」という意欲があれば、自然と成果がついてきます。和紅茶の研究では、学校農業クラブの県の発表大会で2年続けて優秀賞をとっていますし、全国農業協同組合中央会の「全国高校生農業アクション大賞」にも応募して選ばれました。

　部活動は共同研究なので、製造が好きな生徒もいれば、分析の実験が好きな生徒もいて、たがいに刺激しながら研究の内容を濃いものにしていけます。

　また、校外活動が多いのも部活動のメリットです。お茶農家さんとの交流、地域の産業祭などイベントでの販売、コンテストへの出品、ボランティア参加などさまざまな経験の場があり、生徒を大きく成長させてくれます。

　大切な高校の3年間です。さまざまな活動に興味をもち、どんどん経験をつんで、課題解決力、前に進む力をつけてほしいと思います。

3章

どんな

行事や活動が

あるの？

文化祭

年間行事と 学校農業クラブ の活動

発表会や競技会で「農業科の甲子園」をめざす！

科学性・社会性・指導性を高める活動

　農業科の高校の年間行事には、普通科や他の実業高校にはない、特別なものがあります。それは、「学校農業クラブ」の活動です。

　学校農業クラブ（短く「農ク」と呼ばれることも）は、第二次世界大戦後、新しい時代にふさわしい農業人を育てるため、農業科の高校内の自主的、自発的な組織として生まれました。

　発祥はアメリカで、1950年には全国組織の日本学校農業クラブ連盟（FFJ = Future Farmers of Japan）が発足。これは農業を学ぶ高校生や大学生のアメリカの組織 FFA（Future Farmers of America）がモデルで、日米の高校生の交流も行われています。

　農業科の各高校には学校農業クラブの単位クラブがあり、全生徒がクラブ員です。新入生は、入学と同時にクラブ員になります。学校農業クラブの活動は、「科学性・社会

性・指導性」を高めることが目標です。教育カリキュラムの中に位置づけられ、１年生の「農業と環境」の科目で組織や活動の内容などについて学びます。

　学校によって活動には濃淡がありますが、多くの学校では、学校農業クラブが生徒会として機能しています。本部役員会、さまざまな委員会活動、部活動などは学校農業クラブの活動として運営され、体育祭や文化祭も学校農業クラブの中に実行委員会が立ち上げられます。

　近年、高校の統合などにより、わずかですが学校農業クラブのない学校も見られるようになりました。また生徒会と学校農業クラブの両方があり、行事や部活動、委員会活動などを分担し合っている学校もあります。

年間行事の例

4月	5月	6月	7月	8月	9月
・入学式 ・１学期始業式 ・オリエンテーション ●部活動紹介	・高校総体 ・中間考査 ●生徒クラブ総会	・体育祭 ●校内発表会 ●校内競技会（農業鑑定競技など）	・期末考査 ・日本農業技術検定① ・終業式 ●校内FFJ検定 ●都道府県発表会、競技会	・インターンシップ ・総合実習 ●FFJ検定（上級） ●地域発表会、競技会	・始業式 ・球技大会
10月	11月	12月	1月	2月	3月
・中間考査 ・文化祭・収穫祭 ●全国大会 ・学校説明会	・修学旅行 ・校外学習 ●生徒クラブ総会	・日本農業技術検定② ・期末考査 ・終業式	・始業式 ・卒業試験	・課題研究の発表会 ・入学者選抜 ・学年末試験	・卒業生と語る会 ・卒業式 ・修了式

●…学校農業クラブ行事

全国大会は、農業科の「甲子園」

　学校農業クラブには独自の学習活動があり、発表会が行われます。また、農業の知識や技能を競う競技会もあり、発表会ともども、審査によって校内大会から都道府県大会、地域ブロック大会、そして全国大会へと進む仕組みがあります。いわば、農業科の高校生の「甲子園」です。

　各大会は高校生たちによって運営され、全国大会は毎年違う都道府県で開かれます。農業を学ぶ全国の高校生たちは、学校農業クラブのネットワークでゆるやかにつながり、交流を深めています。

　このほかにも、学校農業クラブの活動や学習の達成度を測る「FFJ検定」が、多くの学校で実施されています。学校農業クラブの発表会、競技会、FFJ検定などは、年間行事の中にしっかりと組み込まれています。

専門分野ごとに、さまざまな競技種目がある！

　学校農業クラブの大会について、もう少しくわしく紹介しましょう。発表大会には、意見発表会とプロジェクト発表会の2種目があります。意見発表会は個人で行うスピーチで、自分の研究活動、将来の夢や決意などを話します。プロジェクト発表会は、主に農業系の部活動の研究発表で、プレゼンテーションソフトなどを使ってグループで発表します。

　一方、競技会の種目には、農業鑑定競技会、平板測量競

技会、家畜審査競技会、フラワーアレンジメント競技会、農業情報処理競技会などがあります。

　このうち農業鑑定競技会は、作物・草花・野菜・果樹・畜産・食品・森林・農業土木・造園・生活の10分野があり、写真や実物を見て回答するペーパーテストです。学校行事として全校生徒が参加する校内競技会を行う学校もあれば、「総合実習」の定期テストで年5回実施する学校もあります。なおFFJ全国大会の農業鑑定競技会には、各校の各学科から代表選手一人が出場します。

好きなことにどっぷり浸れる 部活動

先輩から後輩へつなぐプロジェクト活動

運動部、文化部……そして農業部！

　農業科の高校は、部活動も他の学校とはちょっと違う（ちが）おもしろさがあります。運動部や文化部のほかに、「農業部」「農業研究部」などと呼ばれる、農業系の部活動がたくさんあるのです。

　たとえば、作物部、野菜部、果樹部、草花部、植物バイオテクノロジー部、フラワーデザイン部、養牛部、養豚（ようとん）部、養鶏（ようけい）部、実験動物部、トリマー部、馬術部、農業土木部、緑地環境（かんきょう）部、食品製造部、食品化学部、食品微生物（びせいぶつ）部、食品流通部、服飾（ふくしょく）デザイン部、保育部などさまざまで、運動部や文化部よりも種類が多い学校もあります。

　部活動は、あくまで生徒の自主性にゆだねられています。全生徒が農業系のいずれかの部活動に所属する学校もありますが、活動そのものは強制ではありません。運動部や文化部の活動に熱中して、充実（じゅうじつ）した3年間をすごす生徒もたくさんいます。

地域とつながる「プロジェクト活動」

　部活動では、動物の世話や花壇の手入れ、お菓子づくりなど、自分の好きなことにどっぷり浸れます。その上、ただ楽しむだけではなく、目標を立ててやりがいを感じられる活動の柱があります。「プロジェクト活動」です。

　これは「プロジェクト学習」の手法で行い、個人が興味関心を探究することも、部全体で共通の課題に取り組むこともあります。部全体でのプロジェクト活動は、３年生の科目「課題研究」とは違い、先輩から後輩へとバトンをつなぎながら何年もかけてスケールの大きな研究を行えます。そのため、成果もやりがいも大きいのが魅力です。

　プロジェクト活動では、主に地域の産業や社会の課題をテーマにします。学校を飛び出して、地域と積極的につながるのも、農業系の部活動の大きな特徴です。

　実際にどんな研究テーマがあるでしょう。2022年の研究例を見ると、「TOTTORI パパイヤ普及作戦：青パパイヤは鳥取農業の救世主になれるのか」「絶滅危惧種ヒョウモンモドキの保護プロジェクト：有機農業をめざして」「エゴマの新たな有効利用：商品開発から広がる地域貢献」など、地域と連携してさまざまな課題に取り組んでいることがうかがえます。

　部活動ではほかにも、牛のコンテストへの出場、地域の産業祭での加工食品の販売、企業とコラボした商品開発、大学との共同研究など、学校の外での貴重な経験のチャンスが盛りだくさん。生徒たちのやる気を刺激しています。

農業科ならでは！学びの多い 夏休み

植物も動物も、生徒も成長する夏休み

「総合実習」の授業で登校し学ぶ

　農業科の高校は、夏休みにも学びや体験のチャンスがいっぱい。夏は生徒たちが大きく成長する季節です。

　部活動に入っている生徒は、もちろん部活動に熱中します。学校農業クラブでも、夏休みに都道府県大会やブロック大会などが開催され、運営や出場で忙しい生徒も。

　学科によっては、夏休みに「総合実習」の授業があります。主に「生産技術・経営系」、「環境技術・創造系」の学科では、1単元分（週1時間分）の授業時間を5日間ほどにぎゅっとまとめて、夏休み（冬・春休みの場合も）に登校して、植物や動物の世話などの実習を行います。

　植物や動物の生育には切れ目がなく、夏休みのあいだは生育を止めて2学期まで待っていてくれるわけではありません。1学期に植えたトマトやキュウリの枝葉を整理したり実を収穫したり、庭園の樹木の枝を切ったり防虫したり、子豚のえさを離乳食から切り替えたりなど、管理の内容は

動植物の生育に合わせて日々変わります。夏休みの実習も、新しい発見や学びでいっぱいです。

インターンシップで実際の仕事を体験

　1、2年生の夏休みに、インターンシップに挑戦する生徒も多くいます。インターンシップとは、実際の仕事を体験してみること。さまざまな世代の多様な人たちと接し、仕事のやりがいや厳しさにふれる貴重な経験ができます。また卒業後の進路を考える上でも、とてもよい機会です。1、2年生の全員が実施する学校もあります。

　インターンシップの受け入れ先は、学校とつながりの深い卒業生の農場や地元企業などを学校が生徒に紹介するケースもあれば、生徒が自分で探して学校と相談しながら申し込むケースもあります。

　体験の日数は3日〜1週間ほどで、コメ農家や野菜農家、畜産業などのさまざまな農家や農業の会社、JA（農業協同組合）、食品加工の工場、青果店やお花屋さん、菓子店などの販売業、造園業、林業の会社など、多彩です。

　こうした農家や会社には、学校にはない大型の機械や最先端の設備があったり、学校より数多くの家畜を飼う効率的な技術や、収益を上げるための経営の工夫があったりします。また、学校の実習より厳しい衛生管理や接客の言葉づかいなど、仕事への責任にかかわる気付きも。インターンシップは、数限りない学びに満ちています。

文化祭や直売など
地域に開かれた活動

個性的なプログラムが光る文化祭や体育祭

文化祭は、秋に開かれる「収穫祭」

　農業科の高校では、文化祭は1年でもっとも大きなイベントです。ほとんどの学校で、文化祭は「収穫の秋」に行います。お米をはじめ、多くの野菜や果実の収穫時期なので、文化祭を「収穫祭」と呼ぶ学校もあります。

　文化祭での発表や展示は、学科ごと、クラスごと、部活動ごとに工夫をこらし、訪れる家族や地域の人たちを楽しませています。普通科などの高校と同じように、講堂や体育館の舞台では音楽や演劇、ダンスなどの公演が行われ、出店が並ぶ学校もあります。

　農業科らしい文化祭の魅力といえば、生徒が丹精こめてつくった野菜・草花、加工食品、被服や庭園などの展示、乗馬や乳しぼり、動物とのふれあい、フラワーアレンジメントなどの体験プログラム、野菜、ジャムやみそ、お菓子など加工食品の販売、などがあげられます。

　研究発表や展示は、日頃の学びの成果を家族や友人に見

てもらうチャンス。農業科の生徒たちは、実習で野菜など
さまざまなモノづくりをしているので、展示品には実習で
身につけた技術が光っています。

　体験プログラムは、地域の子どもたちに人気があるもの
が多く、高校と地域のつながりを強くしています。野菜や
加工品の販売も、地域の人たちが楽しみにしているイベン
トで、長い行列ができるほどです。

　販売する野菜は、実習の授業や部活動で栽培するほか、
委員会活動として夏前から計画的に栽培する学校もありま
す。文化祭の前には加工食品づくりもあり、それぞれの担
当部門で、生徒たちは準備に張り切ります。

体育祭で動物といっしょに走る学校も

　体育祭はほとんどの学校で行われ、球技大会やマラソン大会を開催する学校もあります。文化祭が秋なので、体育祭は1学期です。一部には、借り物競争や徒競走に動物が登場したり、パン食い競争のパンを食品系の生徒がつくったり、個性的なプログラムで盛り上がる学校もあります。

人気の専門施設を訪問

　ほかに、生徒の人気が高い一日かけての年間行事として、校外学習があります。地域や学科、学年によって、訪問先はさまざまです。

　ごく一例をあげると、生産技術・経営系の学科では、地域の農業試験場、畜産試験場など国や都道府県の研究施設などを見学します。環境技術・創造系では、林業試験場、大きな公園や歴史のある庭園、農業の水利施設など。食品系では、食のテーマパーク、食品会社の工場、調理や製菓の専門学校などを訪ねます。

直売やイベントへの参加で地域に貢献

　地域との結びつきが強い農業科の高校では、地域貢献の活動や行事もさまざまに行っています。

　そのひとつが直売です。少なくない学校で、なんと校内にお店を開き、農場で育てた農畜産物や加工品を販売しています。曜日を決めて定期的に販売する学校もあれば、春と秋に盛大な販売会を開いてにぎわう学校もあります。

　高校生がつくった野菜や加工品は、新鮮でおいしく安全だと評価が高く、「りっぱな野菜だね」「とってもおいしい」「ありがとう」などとお客さんから声をかけられるのは、生徒たちにとってとてもうれしいことです。

　ほかにも、駅など公共施設の花壇づくり、地域イベントで野菜や加工品を販売するなど、さまざまな地域貢献の活動も行われています。自分の手で食料や草花を「生産」して社会に貢献できることは、農業科の高校生の誇りになっています。

植物の生育は**感動的！**
「**いいことしかない**」学校生活

東京都立農芸高等学校
園芸科学科　２年生

米村明星さん

いくつもの農業科高校を見学し、進学先
を決めました。入学後は、草花研究の部
活動に入り活躍中。指定校の大学への進
学をめざしています。

学校見学が、進学先を選ぶ決め手

　私は、農芸高等学校から自転車で30分ほどの団地に住
んでいます。両親は農業とは関係のない会社員ですが、母
親は押し花の教室や販売をする会社で働いています。母が
ベランダでお花やシソ、ミント、ネギなどを育てているの
で、子どものころから植物には親しんできました。

　私はスポーツが得意で、特に球技はやるのも見るのも大
好き。中学ではバリバリのバスケットボール部でした。音

楽も好きだったけれど、スポーツや音楽では就職をイメージできませんでした。そんな中「植物にかかわる仕事ならいいかも」と思い、母の勧めもあって、中２から都内の農業科高校の説明会や見学会に何度も行きました。

　進学先を決めるには、ネット情報だけでは不十分です。実際に見学すると、授業や部活、校内の雰囲気がよくわかり、そこで学ぶイメージが描けます。農芸高等学校は、農場が広く空が開けた感じにピンときました。「よし、ここに入ろう！」と決め、おかげで受験勉強もがんばれました。

植物栽培の実習は感動の連続

　入学してからは、もう「いいことしかない」って感じです。野菜や草花を育てる実習は、感動の連続です。キュウリやトマトは私の背丈より伸びてたくさん実をつけるし、ダイコンやキャベツもかかえきれないほど大きく重く育ちます。「あんな小さな１粒の種から」と思うと、じーんときます。発芽から成長していく様子をすべて自分の目で見守れるのは、ほんとうに感動的です。名札をつけて個々人で管理する「自分の」トマトやキュウリは、実習中や放課後にスマホで成長記録を撮ってかわいがっています。

　育てた野菜を食べられるのも楽しいですよ。実習の野菜を一年中もらえるので家族も喜んでくれて、父親なんか写

真を撮って祖母に送って自慢しているみたいです。

　母とは、赤いダイコンなどめずらしい野菜の食べ方をいっしょに考えたり、大きな野菜も余らせないよう料理の工夫をしたりしています。農家の大変さがわかったので、食べ物を残せなくなりました。

栽培技術の奥深さと基礎体力

　授業はすべて楽しいです。農業科の科目は、興味があるからスルスル暗記できちゃうんです。普通科も苦手な科目はないですね。むしろ、高校に入ってから本を読むようになったので、苦手だった国語が得意になりました。

　難しいのは、やはり栽培の技術ですね。たとえば今年、菊の実習をしました。苗を根元で枝分かれさせて大輪の花を三つ咲かせる「三本仕立て」といって、全国的な品評会もある、日本の伝統文化みたいな栽培法です。

　生育に合わせて、茎が折れないよう注意しながら支柱に結びつけ、バランスよく姿を整えていきます。花の大きさも大事で、花びらを全部数えて自己評価します。楽しかったけれど、農業の技術は奥が深いなあと思いました。

　一方、自分でもすごいと思ったのは、体力がついたことです。夏の畑は日陰もないから汗だらだらで「体がけずられるー」という感じ。冬は水が冷たくて、花の鉢を洗う作

業など凍えます。1年生のときは「ついていけるの？」と心配でしたが、いつの間にか体力がついて、2年生になったら夏も冬も平気になりました。

　これはスポーツとは違う体力だと思います。中学のときはポケットにいつもハンドクリームを入れていたのに、今は冬でも必要ありません。野菜をたくさん食べて体を動かしているから、健康になったのかもしれませんね。

実習のチームワークでクラスが団結

　おもしろいことに、虫が苦手な人は男子に多いんです。私は生き物が好きで、よくバッタを捕まえたりしていたので、まったく平気。入学したてのころはミミズがダメな子も多かったですが、ミミズは土を肥やす生き物だと教わってから、誰もキャーキャー言わなくなりました。

　農芸高等学校の園芸科学科は、1学年1クラスだけなので、3年間ずっと同じ仲間といっしょです。農業の実習って、チームワークが必要なことが多いんです。たとえば土づくりでは、肥料や石灰などの土壌改良材を土に入れますが、重たい袋を一輪車で畑に運ぶのは男子。女子は運んだものを仕分けするとか、自然に分業ができていきます。

　個々人が自分の野菜を育てる実習でも、最初の畑の整地や支柱立ては共同作業ですし、栽培管理は「こうしたほう

がいいよ」とアドバイスし合うこともあります。実習でコミュニケーション能力や協調性が身について、クラスが団結していくのは、農業科高校のよさのひとつだと思います。

農業系の部活、草花研究部で楽しく学ぶ

　部活は、運動部か農業系かで迷いましたが、せっかく農業科の高校に入ったのだから、農業系の草花研究部を選びました。私は花が好きなので。部活は自主的な活動で、自分の好きなことができます。しかもやればやるだけ技術も知識も身につくので、やりがいもありますね。

　草花研究部の活動は、主に校内の花壇の管理です。本校舎のほかに実習棟もあるので敷地が広く、花壇も多いんです。活動日は週２日で、水やりなど日常の管理のほかに、ハウスで花の苗を育てて、季節ごとに花壇に植え替えています。自分の好きな花を選んで思うように花壇をつくれるのが楽しいし、一年中花をさわれるのは幸せです。最近の私のお気に入りは、スターチスとシロタエギクかな。

　私が１年のときは部員がたった３人だったので、がんばって勧誘しました。今では11人です。３年生になったら部長になるかもしれません。農業科の高校ならではの楽しいことをたくさん体験したいなと思っています。

卒業後は、指定校の大学に進学したい

　3年生になったら、いよいよ課題研究に取り組みます。研究テーマは、ハボタンの挿し木の技術か、四つ葉のクローバーを植物バイオテクノロジーでつくる実験か、どっちにしようか迷っています。

　卒業後は、大学の農学部に進学したいと思っています。農芸高等学校は、東京農業大学などいくつかの農業系大学の指定校になっているので、進学では有利です。そのあとの就職についてはまだ具体的には考えていませんが、花にさわれる仕事ができたらなあと思っています。

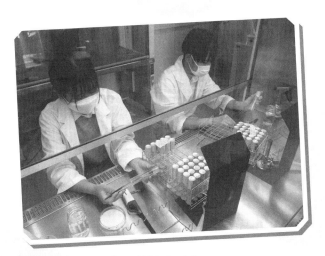

植物バイオテクノロジーの実習をする生徒　　　取材先提供

部活動でチャンスを広げ、学べることはすべて吸収

神奈川県立相原高等学校
畜産科学科　3年生

鈴木　希さん

牛専門の部活動に入り、興味あるテーマの研究や発表、地域の牧場での実習、牛のコンテスト出場など、あらゆる学びのチャンスに挑戦しています。

とことん学べる農業系の部活動

　実は私、中学1年の春休みに10日ぐらい、相原高等学校に通って牛の世話を体験したことがあるんです。動物の世話がしたくて市役所の農政課に相談したら、家畜とのふれあい体験をしている相原高校を紹介されたんです。そのときの体験が楽しくて、この高校に入学しようと決めました。

　入学して間もなく、畜産部の牛プロジェクト（牛プロ）という部活動に入りました。大きな牛を引いて歩く女子の

先輩に「かっこいいなあ」とあこがれたからです。

　農業糸の部活動は、いろいろな体験ができるチャンスがいっぱいです。授業は基礎を学ぶ場、部活はその学びを実践で身につけ、興味のあることに何でも挑戦できる場、という感じです。でも部活は強制ではないので、運動部や文化部に入る人もいるし、部活をやらない人もいます。私は「この学校で学べることはすべて吸収しよう」と思って、あらゆるチャンスに挑戦してきました。

それぞれの「推し牛」がいる

　今の牛プロの部員は、3学年で35人です。畜産科学科の生徒は7、8割が女子なので、牛プロも女子が多いです。学校には今、乳牛6頭、肉牛6頭、子牛が6頭いますが、日々の世話は牛プロでしています。「通常管理」といって、えさやり、糞のそうじ、搾乳機でお乳をしぼる搾乳などを一日2回、朝と夕方にやります。

　先生が必ずついてくれますが、作業は私たち生徒が主体です。牛の観察もして、先生に相談しながら、具合のわるい牛のえさの調整や投薬などもします。私は牛の頭をかかえて薬を飲ませるのが、ちょっと得意なんですよ。

　通常管理の当番は週に4回ぐらいかな。土日や夏休みに

も当番は回ってきます。朝の管理は授業前の40分間、夕方は放課後の80分間。朝は授業に遅れないようテキパキ動いて着替えもパパッと。でも夕方は、作業後にしばらく牛と散歩したりして遊んでいます。

　部活にはマニアックな動物好きが多くて、家でヤギを飼っている子や、学校にいる牛の父・祖父・曽祖父の3代の血統をすべて暗記している子もいます。

　みんな牛が大好きで、それぞれ「推し牛」がいるんですよ。私の「推し」は、ホルスタインのコウメちゃん。入学して間もなく生まれたのでずっといっしょで、牛のコンテストにもいっしょに出て賞をとっています。名前を呼ぶと寄ってくるし、指示もきいてくれます。子牛のときは弱かったのによく育ってくれて、先日初めて出産しました。

　子牛といえば、入学していちばん驚いたのは、はじめて経験した乳牛の出産で、先生が子牛を調べて「あー、オスだー」とがっかりしていたことです。元気なら性別は関係ないと思っていたのに、お乳を出さないオスは価値が低いんです。牛は産業動物なので、当然なのですが。

プロジェクト活動で興味を掘り下げる

　部活では1年生から、興味のあるテーマを研究する「プ

ロジェクト活動」ができます。自主研究なのでやるやらないは自由ですが、顧問の先生はどんなテーマでも応援してくれるし、ていねいに指導してくれます。

　私は、今年は4人のグループでサシバエの研究をしました。サシバエは牛の血を吸う害虫で、ストレスや病気の原因になります。ふつう殺虫剤を使いますが、悪影響もあります。そこで、シマウマは刺されにくいという論文を見つけたので、牛の体に水性塗料で線を描いてシマウマ模様にして、体につくサシバエの数を調べてみました。

　縞柄の牛には大笑いしましたが、体につくハエの数は半分に減りました。この研究は校内発表会で選ばれて、学校農業クラブの県大会に出場しました。また、大学で開かれた専門的な学会でパネル発表もしたんですよ。研究者の人たちに説明したりして、いい経験になりました。

牧場ごとの違いがおもしろい牧場実習

　部活では、校外の人と話す機会が多いんです。たとえば、学校には直売所があって、学校で生産した卵や牛乳、お肉などを販売しています。第2・第4土曜日は「畜産フェア」で、畜産部で動物とのふれあい体験をやります。牛プロの担当は、乳しぼりと牛のブラッシング体験、酪農のミ

ニ講座などです。親子の参加者が多くて、子どもたちは牛の大きさや乳首の感触にびっくりしたり、お乳が出ると大喜びしたり、私たちも楽しいです。あと、近くの小学校の体験学習で、酪農について教えることもあります。

　ほかに、牧場実習があります。これは県内の牧場で手伝わせてもらう個人の活動です。私は結構がんばって、今年の夏には7回も行きました。先輩が実習した牧場のほか、先生に相談しながら自分で開拓した実習先もあります。牧場ごとに設備や仕事の手順、えさの内容などが違うのでおもしろいんです。それに牧場主さんは話好きな人が多くて、いろいろなお話を聞けるのも楽しみです。

「推し」の牛とコンテストで入賞

　「共進会」の参加も、地域の牧場とのつながりのおかげです。共進会は家畜のコンテストです。牛プロの活動として、春と秋の神奈川県乳牛共進会には必ず出て、いつも賞をとっています。私がコウメちゃんといっしょに優秀賞をとったのも、この大会です。すごくうれしかったですね。

　共進会では、牛を引いて歩く係があるんです。牛を落ち着かせ、審査員の前で頭を上げさせ美しく見えるポーズをとらせますが、牛の扱いに慣れないとうまくいきません。

最近では、実習をした牧場から牛を引く係を頼まれること
もあり、ちょっと誇らしいです。

　うれしいことに今度、地域の牧場が高校生の勉強のため
にと、特別に共進会を開いてくれるんです。コロナで共進
会が減ったからと。私の学年はせっせと牧場実習に行った
ので、交流が増えたためかもしれません。ありがたいです。

資格を取って畜産業に貢献したい

　たくさんの体験をしてきましたが、いちばんの思い出は
分娩実習かな。牛プロの部員は、牛の出産に立ち会う分娩
実習ができます。出産はたいてい夜中なので学校に泊まる
んです。出産はドラマチックで、いつもすごく感動します。
おまけに今年の夏の実習では、真夜中に校内の畑や牧草地
で野生動物を探したのが、少し怖くてわくわくしました。

　進路はもう決まっています。麻布大学の動物応用科学科
に、総合型選抜入試で合格しました。将来は、受精卵をつ
くる「胚培養士」になりたいんです。学校の牛から卵子を
とって業者さんに受精卵をつくってもらったのがきっかけ
で、興味をもちました。将来は、県の畜産技術センターな
どに就職し、畜産業に貢献できたらと思っています。

資格取得、仲間との共同作業に充実の日々

東京都立農芸高等学校
緑地環境科　３年生

菊池将太さん

造園技能士２級の取得をめざし、積極的に学んできました。実習や卒業庭園の制作などの共同作業では、助け合いの大切さも学びました。

入学時から資格の取得をイメージ

　僕は、兄が農芸高等学校の緑地環境科の卒業生で、僕が中学生のときにはもう造園の仕事をしていました。そのおかげで、高校進学を考えるにあたって、普通科の高校だけでなく専門学科の高校にも視野を広げることができました。

　工業系の高校も見学に行ってみましたが、僕は小学生のころから公園や並木道の景色が好きだったし、自然とかかわりたいと思ったので、農業科を選びました。都内には農

業科高校はいくつもありますが、農芸高等学校は家から自転車で20分と近いし、文化祭の見学で3年生に卒業庭園の展示を見せてもらい、すごく楽しそうだったので、この高校に入ろうと決めました。

緑地環境科を選んだ最大の理由は、造園技能士2級などの資格が取れることです。造園会社への就職に有利で、資格があるとお給料も違うそうです。入学後の説明会では資格についてしっかりと聞いて、3年間の高校生活とその先の就職まで、自分なりのイメージを描きました。

実習は驚きと発見だらけ

高校の勉強は、数学や英語などの教科は中学時代よりわかりやすく、農業の専門科目も入学前に思っていたほど難しくありません。そして、実習はすべて楽しいです。

1年生では、どの学科でも野菜を育てる農業の実習があるんですが、これが予想以上におもしろかったです。種まきから収穫までひと通り栽培するのははじめてで、しかも自分で育てた野菜はほんとうにおいしいですね。

専門科目で僕が特に好きな実習は、伸びすぎた木の枝を切る剪定や植え替え、草刈りなど、農場管理の実習です。でも入学して間もなく、作業中にひょいっとカマキリが出

てきて「うぎゃー！」となりました。手袋をしていてもさわれない。「自分にこんな弱点があったのか……」と、驚きました。でも逆に、ダメだろうと思っていたミミズがまったく平気。体験してみないと、わからないものです。

学びは「受け身」だけではもったいない

　2年生になると、測量、垣根づくりやコンクリート打ちなど、造園らしい実習が増えて、ますます楽しくなりました。でも、技術の習得はどれも難しいです。たとえば剪定ばさみの使い方は基本中の基本ですが、単純そうで意外と難しいんです。刃を当てる角度によって、切れ味が違います。道具の手入れも大切だと教わり、はさみは自分で研ぐようにしています。

　農業科の高校で学ぶのは、知識や技術の「基礎」だと思います。その基礎にどれだけ肉をつけられるかは、自分の努力しだいです。授業を聞くだけの「受け身」ではもったいないです。僕はいろいろなことに興味をもって、積極的に先生に聞くようにしています。先生たちは何でも教えてくれるので、聞けば聞くほど自分の栄養になります。

　また、先生に言われて、通りがかりの公園の設計や樹木なども観察するようになりました。公園の木や街路樹には、よく名札がついていますね。「ああ、この木がヤマボウシ

か」などと知ることができて、いい勉強になります。

仲間との助け合いに感動した庭づくり

　いちばん楽しかったのは、卒業庭園づくりですね。設計から測量、造園の作業まですべて自分たちでやります。みんなはじめてなので、期限があるのに失敗してやり直すなど、結構大変でした。でも、クラスの結束がすごく強くなって、完成したときの感動は大きかったですね。

　僕たちの庭園のテーマは「cat & fish」で、モルタルとタイルで地面に大きな魚とネコを描き、その周辺に築山やテーブルなどを配置して、大きめの木も植えました。

　作業は班に分かれて行いました。僕は得意な作業が多い植栽班に入り、「移植なら任せてくれ！」という感じでバックホー（ショベルカーの一種）を動かして、サルスベリなどの木を植えました。木のまわりに植える草花も、組み合わせを考えて選ぶのが楽しかったですね。

　終わってみて気付いたのは、技術よりもコミュニケーション力が鍛えられたということです。ふだんの実習でも共同作業が多いのですが、卒業庭園では班ごとに作業の進み方が違うので、段取りを調整し、作業が遅れている班をみんなが手伝うなど、コミュニケーションをとりながら助け合いました。だから感動も大きかったのかもしれません。

いざ、造園技能士２級の取得へ！

　技術面で鍛えられたのは、何といっても国家資格の造園技能士２級を取るための勉強です。受検の準備は、３年生の課題研究の時間に取り組むことができます。

　試験は、実技２種類と学科です。実技試験のひとつは、2.5×2メートルの庭を施工図通りに制作します。竹垣、飛び石・敷石・縁石、築山、植栽などの要素があり、竹垣は竹と丸太を切って最初からつくります。

　施工図は事前に公開されているので反復練習すればいいのですが、最初は時間内に半分もできませんでした。試験は夏にあるので、授業時間だけでは足りず、土日や放課後にも先生に指導をお願いして練習しました。

　二つ目の実技試験は、ビンにさしてある枝葉を見て木の名前を答えます。115種の樹木のなかから15種が出題されるので、115種すべてを知る必要があります。校内の樹木のなかから115種の木を探して、特徴を覚えました。こうした努力が報われて、なんとか合格できほっとしました。

実習棟の製図室には、大きな製図机が並ぶ

いろいろ学べる緑地環境科、ぜひ見学を！

　資格は、ほかにも取りました。１年生で全員が受験するトレース技能検定３級のほか、希望者が対象のバックホーなどの小型車両系建設機械の運転・操作の資格、１トン未満の石や資材をクレーンで吊り下げる運転・操作の資格、それから原動機つきの刈払機（草刈り機）の操作資格など、在学中に取れる資格はすべて取りました。

　就職は造園会社と決めていたので、学校で紹介してくれた会社を何社か見学し、そのうちの１社に申し込んでもう採用が決まっています。個人庭園からマンションの庭、公園など幅広く現場の仕事をしている会社です。

　僕は体を動かしたいので現場の仕事を選びましたが、同じ学科でも設計など室内の仕事に就く人もいるし、測量がゲーム感覚でおもしろいと興味をもって進学する友だちもいます。緑地環境科の学びは幅広いので、自分の好きなことを見つけられると思います。中学生のみなさんには、ぜひ一度、学校見学に行ってみてほしいと思います。

ネコと魚が地面にはねる力作の卒業庭園

部活動と課題研究で 地域の困りごとに挑戦

群馬県立勢多農林高等学校
食品科学科　3年生

阿部真大さん

高校に入ってから料理が得意だと気付き、料理人になる夢を見つけました。部活動と課題研究で、地域の食材を活かす研究に挑戦！　やりがいを感じます。

たまたま入った農業高校で、将来の夢を見つける

　　実は僕は、たまたまこの高校に入ったんです。中学では将来の夢が見つからず、受験した高校にもすべて落ちてしまいました。すると担任の先生が、勢多農林高等学校の食品系の学科がまだ受験できると勧めてくれました。

　　先生は、僕が家で料理をしているのを知っていたんです。僕の父は料理人でしたが早くに亡くなり、母は働いているので、僕は小学生のころから料理をしていました。料理は

好きで、中学生になると夕食づくりは僕の担当でした。

それが特別なことだと気付いたのは、高校に入ってクラスメートとの会話に食の話題がふえたため。「僕は料理が得意だったのか！」と、はじめて自分に自信をもちました。そして「料理人になる」という、将来の夢も見つかりました。中学の担任の先生には、ほんとうに感謝しています。

授業はおもしろく、自分にぴったり

たまたま入った高校でしたが、英語が苦手なこと以外、すべて自分にぴったりでした。１年生では、牛と鶏の飼育、野菜や草花の栽培についても学びます。母の実家が酪農家で、僕は土日はいつも祖父母の家に行き、牛の世話や畑の手伝いをしていました。学校での授業は「おばあちゃんに教わった通りだ」と思う一方、家畜の飼料の成分、植物の生育の仕組みなど、基礎知識の勉強がとても新鮮でした。また、１年生で全員が受験する「日本農業技術検定」の勉強が、学んだことの整理に役立ちました。

食品の専門科目は料理とは違う分野ですが、どれもおもしろいです。実験室で食品の栄養素や成分を測定したり、衛生管理や保存方法について学んだり、今まで考えたこともなかった面から食について考えることができます。

お菓子やジャムなどの製造・加工の実習は、特に楽しい

ですね。デコレーションケーキの実習もあり、着色したクリームの花やフルーツを思い思いに飾った作品をクラスで見せ合うなど、楽しい思い出がたくさんあります。

他の部活とも連携し、地域の課題解決を探る

　部活動と３年の「課題研究」には、かなり熱中しました。まず部活ですが、僕が入ったのは食品製造部です。ここ数年の研究テーマは、県内の旧子持村（渋川市）で栽培されている紅茶をPRし、広く流通させることです。

　先輩たちはお茶農家との交流や、紅茶を使ったお菓子の試食アンケートなどをしたそうですが、僕らはコロナのせいで校外活動ができません。そこで、顧問の先生にも相談しながら、みんな本気で考えてアイデアを出し合い、実験で成分などを調べることにしました。

　先輩たちの研究で、子持紅茶は渋みが少ないとわかっていたので、渋み成分のポリフェノールの量を調べ、緑茶、ウーロン茶、外国産の紅茶と比べてみました。また、血糖値の上昇を抑えると予測して、動物実験部にお願いしてマウスで実験をしてもらいました。この連携は、動物科学科がある勢多農林高等学校ならではです。実験の結果、子持紅茶はまろやかで飲みやすく、健康にもいいことがわかりました。予想が立証されて、やった！　という感じです。

　この研究は校内発表で選ばれて、FFJ（日本学校農業クラブ連盟）の県大会に出場しました。部長の僕を中心に発表したのですが、制限時間を数秒オーバーしてしまい、結果は2位。1位だと関東大会に行けたのに、泣きたいほど悔しかったです。

胸を張れる「オレたちのブランド」のお菓子

　食品製造部は、「パティスリーせたのう」という屋号で、焼き菓子の製造販売の許可をもっているんです。自分たちがつくったお菓子を「オレたちのブランド」として胸を張って販売できるのは、かっこいいですよね。

　部活では、子持紅茶のPRができる新商品も開発しました。生地に紅茶の粉末を入れて焼き上げたマフィンで、中に紅茶を煮詰めたジャムを仕込んであります。食べると、甘くて香りのいいジャムがとろりとあふれます。紅茶や砂糖の分量を何回も試してつくった自信作です。

　このマフィンの販売などは、後輩たちに引き継いでもらいます。部活動のいいところは、先輩から後輩へとバトンを渡しながら、研究を深め、幅も広げていけるところだと思います。後輩たちの研究にも、期待しています。

課題研究でも、地域とのかかわりを経験

　3年生の課題研究は、部活とは違い一人で取り組みます。僕は、しょうゆのもろみ粕の活用をテーマにしました。もろみ粕は、しょうゆをしぼったあとの、大豆や穀類の残りかすです。群馬県はみそ・しょうゆの生産がさかんで、業界の組合から高校に「粕を捨てずに活用できないか」と相談があったそうです。僕の母はみそ漬けの会社で働いているので、縁のようなものを感じて、「研究してみたい」と手をあげました。

　もろみ粕は、塩分が多くて硬い板状です。これを砕いて肉にもみ込んで味つけし、肉の燻製をつくってみました。学校には何百万円もする燻製の機械があるんです。こんな機械を使わせてもらえると、ほんとうにわくわくします。燻製のやり方は先生に教えてもらい、サクラのチップでスモークしてみました。また、しょうゆの醸造所によって、もろみ粕の硬さなどが違うので、いくつかの会社から集めて比較してみるのも、おもしろかったです。

　僕の研究が、実際の役に立つのかどうかわかりません。でも、子持紅茶もそうですが、地元の会社や産業とかかわれたことには、とても大きなやりがいを感じています。

調理師になり、将来は自分のお店をもちたい

　卒業後の進路は、もう決まっています。2年制の調理師専門学校に進学し、将来は調理師になろうと決めています。専門学校では、1年目は和洋中、製菓・製パンなど幅広く学べるので何でも吸収し、2年目になってから専門ジャンルを決めたいと思っています。

　高校1年生のころは、大学などで管理栄養士の資格を取り、そのあと調理の勉強をしようと考えていました。僕の父は糖尿病で亡くなったので、栄養の知識を活かした食堂を開きたいと思ったんです。でも、それだと調理師になるのが遅くなります。今は、まず調理師になってお店をもち、栄養については働きながら学ぼうと考えています。

　高校では、食の世界の基礎的な知識を幅広く知ることができました。自分の夢に向かって、現実的に歩みを進めていけるのも、広い視野をもてたおかげだと思っています。

慣れた手つきで販売用の紅茶
マフィンを製造

4章

卒業したら どんな進路が あるの？

自分や将来について 考えてみよう

進学も就職も、農業科ならではの道がある

進路は、系列によって傾向がある

　農業科の高校の教育目標は、「農業や関連する産業のプロ（職業人）を育てる」ことです。とはいえ、もちろん進路の選択は個人の自由です。農業の専門分野ではない大学の学部や専門学校に進学する人や、農業とは関連のない業種に就職する卒業生もたくさんいます。

　しかし、「3年間の成績がいいと、推薦であの大学に入れる」とか、「この資格を取れば、この職業に就ける」など、農業科の高校ならではの道筋のようなものがあります。

　中学生のみなさんは、高校を卒業したその先のことは、まだ想像しにくいかもしれません。ですが、農業科の学びの分野は幅広いので、自分が何に興味があるのかよく考え、どの学科ではどんな資格が取れ、卒業後にはどんな進学先や就職先があるか調べてみることで、将来の自分の姿が少しずつ見えてくるかもしれません。

　卒業後の進路は、系列によって傾向があります。たとえ

ば「生産技術・経営系」では大学や専門学校などへの進学率が高い傾向にあります。進学先は、農学部や農業大学校など専門分野だけでなく、幅広い分野が選ばれています。

「資源活用・ヒューマンサービス系」も、大学や専門学校への進学率が高く、進学して栄養士や調理師、保育士などの資格取得をめざす人も多くいます。

一方、「環境技術・創造系」は、他の系列に比べると就職する人が多い傾向があります。その背景には、造園技能士や土木施工管理技士など、造園業や農業土木系の地方公務員への就職に直結する資格を取れることがあります。

大学などへの進学に有利な推薦制度

進学をめざす場合、農業科の高校には優位性があります。農業系の大学や専門学校への学校推薦型選抜による進学です。３年間の成績がよく、高校から推薦されると、面接や小論文などの選考で指定校に入学できます。

また、総合型選抜で入学する生徒も多くいます。そのさい、プロジェクト活動、発表大会への出場などがよく評価の対象となります。

検定が進学に役立つケースもあります。つぎのページの資格一覧のうち、学科共通の「日本農業技術検定」の３級は多くの学校で全生徒に受験させ、合格率は高いです。２級になると受験は希望者のみで、難易度もぐっと上がります。しかし合格すると、一部の大学で授業料や入学金の免除、推薦の条件になるなどのメリットがあります。

FFJ検定は、資格の取得や学校農業クラブの活動が評価対象で、大学の書類選考で加点されることがあります。

　いずれも、１年生のときから勉強や部活動の研究に熱心に取り組むなど、努力の積み重ねが大切です。

即戦力として期待される卒業生

　農業科の高校には、農業や関連する業界からの求人が多く寄せられます。卒業生は専門的な知識や技術、資格をもっているため、即戦力としての期待が高いのです。

　３年生になると、求人票から自分の興味のある職種を選び、会社見学にも行って就職先を考えます。

　職種によっては、資格や免許があると採用されやすく、賃金にも反映されます。それだけでなく、すでに一定の技術や知識が備わっているので、仕事に就いてからの苦労が少ないというメリットもあります。

　在学中に取れる資格や免許には、つぎのようなものがあります。ただし、学校によって資格取得の取り組みは異なるので、入学前に確認しましょう。

●生産技術・経営系

　農業簿記検定、初級バイオ技術者認定試験、フラワー装飾技能検定３級（国家資格）、家畜人工授精師（国家資格）、愛玩動物飼養管理士、毒物劇物取扱者など

●環境技術・創造系

　造園技能士２級（国家資格）、土木施工管理技士２級（国家資格）、測量士・測量士補（国家資格）、園芸装

飾技能検定 3 級（国家資格）、トレース技能検定、小型車両系建設機械、玉掛け・移動式クレーン 1 トン未満、刈払機操作など

●資源活用・ヒューマンサービス系

食品衛生責任者、食生活アドバイザー 3 級、家庭科技術検定（被服製作技術検定・食物調理技術検定・保育技術検定）、調理師免許など

●すべての学科共通

日本農業技術検定、FFJ 検定、危険物取扱者、食の 6 次産業化プロデューサーレベル 1、アグリマイスターなど

農業者に なるには？

農業に就く方法と、自営の農家への道

農業の会社などに就職する

　現在、農業科の高校を卒業して農業の仕事に就く人は、ごくわずかです。ですが、もし「農業者になりたい！」と思ったら、どのような道があるのでしょうか。

　いきなり自営の農業者になるのは難しく、個人の農家や農業法人（会社や組合）に就職するのが現実的です。

　親や親戚（しんせき）が農家なら、そこに就職することもできるでしょう。そうではない場合は、まず情報を集めましょう。高校への求人や、学校とつながりのある農業法人などを紹介（しょうかい）してもらうほか、ネット検索（けんさく）という手もあります。

　農林水産省（のうりんすいさん）のホームページの「新規就農の促進（そくしん）」というページに、「まずチェックしてほしいコンテンツ」として「農業をはじめる.JP」が紹介（しょうかい）されています。これは、全国新規就農相談センターのポータルサイトで、農業の仕事に就くためのあらゆる情報が、ぎっしりつまっています。農業者になるまでのステップ、求人情報、研修の情報、各地

で開かれる農家とのマッチングイベントなども紹介されています。また、全国新規就農相談センターには相談の窓口があり、個別の相談にも応じています。

日本の農業は多様性に富み、地域や育てるものによって千差万別です。多くの情報にふれ、自分がどんな農業をしたいのか考えつつ、インターンシップでさまざまな農業の現場を経験してみるのもいいかもしれません。

農業大学校への進学という道も

高校を卒業後、実践的に学べる農業大学校に進学するという道もあります。

農業大学校は、全国ほぼすべての都道府県にあります（公立42校、私立5校）。入学は農業の仕事に就くことが前提で、実習を中心に技術や経営スキルを学ぶ2年間のカリキュラムが組まれています。卒業後に農業の仕事に就けるよう、手厚くサポートをしてくれるのも魅力です。

農業大学校は、学科の種類や学ぶ内容に地域それぞれのカラーがあり、その地域で農業をすることが入学の条件という大学校もあります。事前によく調べてみましょう。

ゆくゆくは自営の農家をめざすなら、農作物を売って生活できるだけの技術と、農地や農機具のほか当面の生活費も必要です。技術と資金は、農業法人などで働きながら蓄えることができるでしょう。また、新しく農業を始める人に国がお金を交付する支援制度もあり、本気で農業をしたい人の気持ちを後押ししています。

実習と課題研究で
自分に自信がついた！

東京都立農芸高等学校園芸科学科卒業　株式会社ユー花園フローラルイベント事業本部

古山海輝さん

花が好きで、結婚式やご葬儀で花を飾りつける会社に就職。人生の節目の大切なセレモニーを花で彩る仕事に、大きなやりがいを感じています。

植物への興味から農業科の高校へ

　僕は、東京都世田谷区に本社がある、花の総合サービス企業で働いています。都立農芸高等学校を卒業後に就職して、丸4年になります。当社にはお花屋さんの店舗もありますが、結婚式やご葬儀の会場に花を飾りつける仕事が主です。僕は今、ご葬儀の部門を担当しています。

　もともと農業高校に入学したのは、座学より実習が多い高校がいいなと思ったからです。技術を身につけたいとい

う考えもあり、「自分は何に興味があるんだろう」と考え
てみました。すると、植物が好きだなと気付きました。

　たとえば中学2年のとき、技術家庭科で植えたナスの鉢
を持ち帰って大切に育てていたのに、大きな実がひとつな
っただけで枯れてしまいました。農家の親戚に聞いたら
「最初の実を大きくすると、養分をとられて木が弱る」と
教わり、「植物っておもしろいなあ」と、思いました。

　農芸高等学校を選んだきっかけは、パンフレットです。
メスを使った植物バイオテクノロジーの実習の写真に「か
っこいいなー」と思ったんです。それで文化祭を見に行く
と、専門的なことが学べそうでわくわくしました。学校全
体が自由でおだやかな雰囲気だったのも、印象的でしたね。

予想した以上に専門的な授業

　僕が入学したのは、園芸科学科です。入学して驚いたの
は、学ぶ内容が思った以上に専門的で深かったことです。
たとえば野菜栽培では、土づくりに始まり、苗を植えるた
めに畑の土を盛り上げる「畝立て」、肥料や農薬、成長ホ
ルモンなどの使い方、余分な芽や枝葉を取り除き収穫量を
上げる作業など、本格的な技術や知識を基本から学びます。
「ここまでやるのかー」と、びっくり。今なら、ナスも立

派に育てる自信がありますよ。

　植物が好きなので、農業科の科目は全部おもしろく、特に草花の科目は楽しかったですね。なかでも思い出に残っているのは、1年生の実習で育てたペチュニアとサルビアの鉢を出身中学校に届けたことです。これは、農芸高等学校の伝統だそうです。中学の同じ学年で農業科に進学したのは僕だけだったので、充実した高校生活を送っていると花を通して伝えられて、うれしかったですね。

実習と課題研究で得た達成感と自信

　植物バイオテクノロジーの科目も、期待通りでした。実習では、クリーンベンチという無菌装置の中で、洋ランなどの葉をメスで小さく切り取り、試験管の中で培養します。うまくいくと葉片から根や芽が出て、新しい株が生まれます。植物って、ほんとうに不思議でおもしろいです。

　3年生になると、課題研究に取り組みます。僕は、土のpHと花の色との関係性を調べました。pHの違う土を何種類か用意し、ペチュニアとアサガオを咲かせます。その花を摘んでは、ひたすら色彩のチャートと見比べて記録。結果を資料にまとめたら完成です。年度末に学科ごとの発表会があって、クラスのみんなの前で発表しました。

　結論として、色の違いはあまり明確ではなかったのです

が、時間と手間をかけた根気のいる研究は学生時代だからできたことです。終わってみて、やり遂げたという達成感が大きかったし、自分への自信もついたと思います。

　この達成感と自信は、3年間の実習でもちょこちょこ積み重ねてきました。たとえば畑の畝立ては、三角ホーという鍬で土を盛りますが、1年生のときは土が崩れて形にならず、先生に「腰を入れろ！」と指導されてばかり。それが2年生では形になり、3年生になると形が美しいだけでなくスピードも速い。ものすごい進歩です。農業科高校では技術を学ぶ実習が多いので、自分の成長を実感できる場面も多いのではないかなと思います。

取材先提供

迫力ある花祭壇にしびれて入社

　卒業後、大学や専門学校に進学したクラスメートも少なくないですが、僕は就職しようと決めました。高校で花の栽培は学んだから、つぎは花を活用する仕事がしてみたいと思い、学校に来ていた求人票で今の会社と出合いました。会社見学に行ってみたら、花で造形された祭壇がすごい迫力で、しびれるほど感動しました。「こんなものをつくってみたいなー」と、その場で心が決まりました。

　入社して半年ほどは、花の名前や道具の種類、業界用語

などを覚えるのに必死で、毎日くたくた。でも、体を動かすことや地道な努力は高校で体験しているから苦にはならず、花に囲まれた環境は楽しくて、がんばれました。

人の気持ちをくんで、デザインを工夫

　今の仕事は、葬儀社様のご注文に合わせて、花祭壇や供花をつくり、ご葬儀の会場に設営するというものです。花祭壇は本社ビルの中にある作業場でつくり、分解して会場に運び込んでからまた組み立てます。お通夜の前に完成させ、お式のあとに撤去するところまで行います。

　大きな花祭壇だと10人以上のチームを組みますが、ふつうは2人から5人ぐらいで担当します。最近では、僕が責任者になり、アシスタントの方と2人でやりとげることもあります。葬儀社様やご葬家様との打ち合わせや確認も行う、とても責任の重いものです。

　ご葬儀を出すご葬家様のご希望に合わせ、花選びやデザインを工夫することもあります。難しいのは「華やかに」「ふんわりと」など、あいまいな表現のご要望に沿うことですね。お別れする方の年齢や性別なども考え、たとえば「華やかに」というご要望なら赤系の花を入れ、「ふんわりと」ならカスミソウやトルコギキョウをあしらうなど、エ

夫をします。たった一度きりのお式ですから、「失敗できない」という緊張感は常にありますね。

花で人の心を豊かにしたい

農業科の高校で学んだおかげか、花を大切にする気持ちは人一倍強いかもしれません。切り花の茎を長くまっすぐに育てるには、ものすごく高い技術と農家の努力が必要です。それがわかるので、一本たりともむだにせず、花の魅力を引き出してお届けしようと心がけています。

この仕事のやりがいは、僕がつくった花祭壇などを見て、ご葬家様や葬儀社様が「わー、すごい」「きれい！」と喜んでくださることですね。花で人の心を豊かにできることに、大きな喜びを感じています。一人前になるまでには長い年月がかかりますが、日々技術をみがいて、どんなご要望やご注文にも応えられるプロをめざしていきたいです。

上司や先輩に教わりながら
センスをみがく

学んだ**畜産の知識**を
多くの人に**伝えたい**

神奈川県立相原高等学校畜産科学科
卒業　有限会社服部牧場

青木　凛さん

内気だったはずが高校の部活動で社交的に。大学校を経て観光牧場に就職。酪農体験をスタートさせ、母校と連携してチーズづくりも始めています。

高校に入って、別人のように社交的に

　私は高校を卒業後、２年制の茨城県立農業大学校で学び、ここ神奈川県愛甲郡愛川町にある服部牧場に就職しました。働き始めて、間もなく３年になります。

　私が農業科高校に入ったのは、人づきあいが苦手で「将来、畜産なら動物相手にもくもくと働けるのでは」と、思い込んだからなんです。今にしてみれば笑い話で、高校で部活動の牛プロジェクト（牛プロ）に入ってから、畜産業

には人との助け合いが不可欠だと気付かされました。

　学校の牛の世話はもちろん**チームワーク**が必要だし、地域の牧場での実習では、はじめて会う大人とコミュニケーションをとらないといけない。中学までは人前で話すのが苦手で友だちも少なかった私が、牛プロの活動のおかげで、別人のように社交的になりました。

　気の合う動物好きの人が集まっていたことや、先生が親しみやすくて何でも相談できたこと、実習先の酪農家さんが話し好きで親切だったことなど、心を開ける環境だったのも大きいかもしれません。

農業大学校でガッツリ実習、資格も取得

　高校を卒業後は、進学してもっと学びたいと思いました。私はガッツリ実習したいと思ったので、大学よりも実践的な農業大学校を選びました。農業大学校は、都道府県が農業者を育成するために設けています。学校ごとに特色があり、たとえば埼玉は卒業後に県内で就農するのが入学の条件だったり、神奈川や千葉では乳牛の実習がなかったりします。結局、私に合ったのが、茨城県立農業大学校の農業部畜産学科でした。入学の条件は卒業後に畜産業に就くことで、そこは迷わない自信がありました。

　大学校の先生たちは獣医師の資格をもつプロフェッショ

ナルで、授業は 8 割が実習でした。在学中は 2 軒の牧場で
アルバイトをし、家畜人工授精師の資格や大型特殊免許を
取るなど、即戦力として働ける準備もしました。

身につけた畜産の知識を人に伝えたい

　　就職を考えるにあたり「中学までは、牛乳やお肉の生産
について知らなすぎだったな」と、気付きました。そして
「食卓と牛が離れてしまってさびしい、畜産の知識を人に
伝えたい」と、強く思いました。高校の部活動では小学生
の酪農体験もしてきたので、そんな仕事がないかと探して
いて、農業の求人サイトで服部牧場を見つけました。

　　服部牧場は、50頭ほどの乳牛を飼う酪農を柱に、自家
製のジェラートやソーセージなども提供する観光牧場です。
すごいのは牛舎を自由に見学できること。安全面などから、
そういう牧場はまれです。ここは「酪農の現場を知ってほ
しい」という理念で、牛舎を開放しているんです。

　　働き方も魅力的でした。多くの観光牧場では、飲食など
の接客と牛舎の仕事では担当が別々です。ところが服部牧
場では、従業員が交代ですべての仕事を受けもちます。私
は牛の世話もしたいし、お客さんに酪農の話も伝えたいの
で、自分にピッタリだと思いました。

ハードだけれど楽しいから続けられる

　入社してからは、牧場内の社員寮に住んでいます。食事つきなのが、とてもありがたいです。一日の仕事は朝4時に始まります。お乳をしぼる搾乳、えさやり、子牛の哺乳、糞のそうじのほか、小動物の世話もします。6時から9時半までは休憩で、いつも朝食のあとに少し寝ます。

　9時半からは、ふれあい動物のヒツジや馬などを放牧して、乳牛も運動場に出します。その後は、牛のえさの配合、ヒツジの畜舎のそうじなどをします。交代でジェラートなどのお店の接客に入る日もあります。

　昼休みは12時半から14時。お昼寝で元気を取り戻します。午後は動物たちを畜舎に入れ、搾乳やえさやりなどの準備に入ります。夕方の搾乳、えさやり、糞のそうじなどが終わるのは17時です。ほかに、月に何日か夜回り当番があります。動物が脱走していないか確認したり、子牛が生まれていたら世話をしたり、ですね。

　結構ハードな仕事ですが、女性の私でも続けられるし、大好きな牛たちとすごせて毎日とても幸せです。大学校や高校の同期にも、牧場で働いている女性は何人もいます。ほかには愛玩動物看護師（動物病院の看護師）になった人、大学の食品系で学び料理人をしている人もいます。

念願だった酪農体験の新事業をスタート

　去年の夏、私の提案で「牧場のおしごと体験」という新事業をスタートさせました。ぎっしり2時間、食育の要素もつまった体験プログラムです。

　内容は、主任と相談して私がつくりました。牛のえさやり、乳しぼり、ブラッシング、おそうじ体験などのほか、紙芝居で牛の体の仕組み、食卓とのつながりなども話します。この紙芝居やクイズも私の手づくりです。子どもたちの反応は予想以上で、2時間はあっという間です。

　このプログラムがつくれたのは、高校で基礎を学んだおかげです。それに、牛は胃にすむ微生物に牧草を分解して栄養をつくってもらうこととか、自分が高校の授業で知って「えー！」と驚いたことが参加者にもウケるんです。ツボがわかっているのは、強みですね。

　ほかにも、高校での経験が役立つ場面はいろいろあります。高校の家畜の飼い方は基本中の基本で、しかも人手が多いから手厚いんです。部活で牛の体を洗ってあげると、牛はとても気持ちよさそうでした。でも牧場ではそんな手間はかけられません。ただ、牛にとって何が幸せか知っていると、牛に負担をかけない気づかいができます。ときどき基本を思い出し、自分の仕事ぶりを見直しています。

母校との連携で地域の役に立ちたい

　実は来月から、相原高等学校の牛プロといっしょにチーズづくりを始めるんです。今、服部牧場ではチーズ工房を新築中で、私が製造の担当になりました。高校の恩師の小笠原先生に話したら、牛プロでもチーズづくりを計画していたそうで、いっしょに開発することになりました。相原高等学校は卒業生や地元牧場との結びつきが強く、高校時代には一方的に恩恵を受けていると思っていました。でも、高校も地域に貢献していたとあらためて気付きました。

　思い返せば、私は高校の課題研究で牛の乳房炎の対策をテーマにしました。というのも、よく実習に通った70歳代の卒業生の牧場で乳房炎が多かったからです。自分の研究で何かしらの恩返しがしたかったんですね。

　母校と協力してチーズの製造を成功させ、学校でも服部牧場でもおいしいチーズを販売できれば、地産地消や地域の活気に貢献できるかもしれません。そう思うとうれしくて、わくわくします。

「牧場のおしごと体験」で牛と
いっしょに

取材先提供

119

見た目も腕もいい
「かっこいい職人」へ

東京都立農芸高等学校緑地環境科
卒業　株式会社小西造園土木

中野由惟さん

造園技能士2級の資格を取り、造園会社に就職。個人の庭園や公園、街路樹の手入れなどの仕事をしています。現場監督を任されるなど、日々成長を続けています。

地下足袋姿の女子高生にあこがれ

　私は、高校を卒業して間もなく4年になります。実家から通える造園会社に就職して、個人のお庭から公園、街路樹の手入れなど、さまざまな現場で働いています。今日は、練馬区の小学校で、校庭の木の伸びすぎた枝を切る仕事をしてきたところです。

　私は中学で進路を決めるときに、普通科よりも専門的な学科のほうがおもしろそうだなと思って、農芸高等学校の

見学に行ってみたんです。ちょうど卒業庭園をつくっているところで、きれいな女子が地下足袋に作業着でキビキビ働く姿に、「きゃー、かっこいい！」と目を奪われました。

動物好きなので畜産系の学科にも興味がありましたが、かっこよさ優先で緑地環境科に入ろうと決めました。造園の職人って男っぽいイメージがあるけれど、学校の説明会で女性でもやれると知って、かっこいい職人になりたいと思いました。両親も応援してくれて、感謝しています。

興味さえあれば体力はついてくる

入学して真新しい実習着と地下足袋が届くと、すぐ家で着けてみました。鏡に映して「あこがれた、あの姿だー」と、うっとりしました。でも地下足袋って、はくのにコツがあって難しいんですよ。最初はもたもたしていました。

授業の内容は思った通りで、実習はもっと多くてもいいと思うほど、おもしろかったですね。でも１年生のときは、夏の暑さがきつかったかな。それが２年生になったら慣れてきて、３年生のときにはもう平気。気付くと、地下足袋もちゃちゃっとはけるようになっていました。

もしかしたら、「農業高校に入るには、体力に自信がなくて不安」と思う人がいるかもしれませんが、興味さえあればだいじょうぶです。毎日のように実習で外に出ている

と、自然と体が慣れてきて対応できるようになります。

　高校のいちばんの思い出は、卒業庭園の制作です。クラス全員で一から庭づくりをします。1クラスしかないので3年間ずっといっしょだったみんなと、力を合わせて大作を完成できたときは、すごく感動しました。ふだんの実習でも協力する場面が多く、まわりを見て自分がどう動くか考える習慣は、今の仕事でも役立っていると思います。

がんばって取った資格や技術を活かす

　3年生の夏に、造園技能士2級の検定に挑戦しました。相当がんばらないと合格できないので、準備の勉強や練習はほんとうに大変でした。これまでの人生で、いちばん必死だったと思います。絶対に落ちたくなかったんです。だって、見た目だけかっこよくても、技術がなければ意味ないですよね。国家資格があれば、かっこよさも本物です。試験では小さな失敗もしたので心配でしたが、合格の通知をもらい、飛び上がるほどうれしかったです。

　造園会社に就職しようと決めたのは、3年生になってからです。進学は考えなかったです。資格や技術を活かしてお給料をもらうほうがいいと思ったし、現場で働きながらどんどん技術をみがけると考えたからです。

　学校に来ていた求人票は、どれも性別は関係なく、仕事

の内容で選ぶことができました。大手の建設会社など、下請けの会社に発注するデスクワークの職種もありましたが、私は現場で体を動かしたかったので、仕事内容が学校の実習と近い今の会社に決めました。

高校で学んだ基礎が仕事で生きる

　会社は社員が10人ちょっとで、私は現場要員としてははじめての女子です。いっしょに働くのは父親ぐらいの年齢の人が多いですが、みんな気持ちが若々しくて、何でも話せる楽しい職場です。最初のうちは、重たいものを持っていると「持とうか？」などと心配されましたが、今は「本人がOKなら、どんどん行けー」と任せてもらっています。

　仕事は、苦労といえば全部が苦労です。コンクリート舗装やフェンスのとりつけなど、高校では経験しなかった土木系の作業も多くて大変です。チェーンソーは、入社してからマスターしました。高所作業車も入社してはじめて体験し、今もまだ先輩に同乗してもらっています。ほかにもはじめてのことは多いのですが、無理なく続けられているのは、高校でひと通りの基礎を順序だてて学んだおかげかな、と思います。

　高校では、知識や技術の基礎を広く浅く学びます。だからはじめての仕事でも、高校で学んだあの基礎技術の応用

だなと、気付くことがあります。さらに、体の動かし方の基本ができていることも、大きいと思います。小さなことですが地下足袋のはき方もその一例で、3年間の学びと成長の上に、今の自分があるのは確かだと思います。

経験を積んでステップアップ

　毎日の仕事の始まりは早く、朝7時に出社します。打ち合わせと準備をして現場に向かい、作業後に会社に戻って片付け終わるのは、冬なら17時過ぎ、夏は19時ごろになるときもあります。お天気に左右される仕事なので、お休みが不定になることもあります。

　3年目の今年になってから、個人の小さなお庭などを一人で任せてもらえるようになりました。お客様に「あれ？女の子が来た」とびっくりされることもありますが、きれいに枝を切って庭を整え満足していただけると、「よっしゃ！」と心の中でガッツポーズです。イメージしていた職人の姿にだいぶ近づけてきたかな、と思う瞬間です。

　実は今度、はじめて「現場代理人」という現場監督のような立場を任されることになりました。公園の樹木を剪定する仕事で、私が作業計画を立てて公園の管理者に説明し、現場の指揮もとります。緊張しますが、わくわく感のほうが大きいですね。

何でもこなせる熟練の職人をめざして

　やっと現場管理人を経験できるレベルなので、一人前にはまだほど遠いです。ひと通りの作業はできるようになりましたが、先輩に比べるとまだスピードが遅くて。親方（現場のトップ）が担当するマツの手入れは高い技術が必要で、親方の仕事を横目で見ながら学んでいます。

　目標は、どんな仕事でもこなせる高い技術をもち、大勢が働く現場で指揮をとれるようになること。そのために、一つひとつの小さな技術から、なるべく先輩に頼らず一人でこなせるよう意識しつつ、努力を続けています。

高い枝にのぼり作業中

取材先提供

興味を広げた高校での 経験が、今の自分を構成

群馬県立勢多農林高等学校食品科学科卒業
株式会社日本キャンパック　生産統括部

一場紅緒さん

お菓子やパンが好きで食品科学科に入学。自分の世界を広げ、資格取得や部活動も全力投球。その経験を味方に、飲料を容器につめる会社で活躍中！

頭より技術を鍛えたくて農業高校へ

　私は足が速くて、中学では駅伝部で走っていました。駅伝は、大会のコースなどを試走する練習があるんです。練習は長時間になるので、いつも先生たちがお菓子やパンを用意してくれました。それで私は、「自分でお菓子やパンをつくってみたいなあ」と思うようになったんです。それに高校では「頭より技術を鍛えたい」と考えていたので、勢多農林高等学校をめざしました。

農業科高校をよく知らない両親には反対されました。そこで、両親を学校見学に誘って雰囲気を見てもらい、「大企業に就職する」と約束して、入学を認めてもらいました。

その約束を果たせたのはたまたまですが、高校を卒業してこの４月、飲料をペットボトルや缶につめる業界大手の会社に就職し、新入社員としてがんばっています。

食材の生産から加工まで、すべて学校産

高校に入学してみて、完全に「ハマった！」と思いました。授業はすべて興味のあることだし、何より知識と実践がセットになっているのが感動的でした。

私は子どものころから植物や虫が好きで、男の子たちと野山をかけまわって遊んでいました。だから野菜や果樹を育て、鶏など家畜の世話をする実習は、とても楽しかったです。しかも食品製造の実習では、学校産の果実やイチゴでジャムを煮て、自分で集めた卵でプリンやお菓子もつくっちゃいます。食材の生産から加工まで、すべて自分たちでできるなんて、すごいことですよね。

普通科の勉強はどの学校でもできますが、技術の習得は違います。農業科高校のように、畑や畜舎、食品製造室などの施設がないと学べません。そのうえ農業科高校には、普通科目もあります。進学校に行った中学の同級生に、と

きどき授業のノートなどを見せてもらいましたが、勢多農林高校の授業とレベルが違うとは思わなかったですね。

　情報の授業も充実していました。パソコンのスキルを身につけたことが、今の仕事に大きく役立っています。

興味のある資格を取得！　部活にも没頭

　自分を構成する要素の多くは、高校でつくられたと思います。私は中学まで、話すのが苦手でした。でも高校の全校集会で新入生代表として話すことになり、雰囲気がよかったせいか、意外と平気でした。それで自信がついて人と話せるようになり、世界を広げることができました。

　先生も、生徒のやる気をとことん応援してくれて、興味の幅も広がりました。たとえば、原材料や栄養成分などの「食品表示」を授業で習って興味がわき、個人的に「食品表示検定」の中級を取りました。さまざまな分野で役立つ「色彩検定」の３級とUC（色のユニバーサルデザイン）級も受けて合格。趣味で、世界遺産検定３級も取りました。

　部活動も、食品製造部でがんばりました。活動の柱は、県内で生産されている紅茶のPRです。群馬県産の紅茶があることに驚きましたが、まろやかでおいしいんです。

　さまざまな紅茶の味を比較し、加工品も試作しました。特においしかったのは、紅茶のアイスクリームかな。アイ

スクリームマシーンでつくった本格アイスです。在校中は、紅茶のことがいつも頭にあるほど熱中しました。

思いがけず、大きな会社の事務職に就職

　就職はパンやお菓子の会社を考えていたのですが、先生から今の会社を紹介されました。会社見学に行ってみると、知っている飲料を扱っていると聞いて親しみがわき、社内も風通しよく感じたので、就職を決めました。

　日本キャンパックの本社は東京ですが、群馬県内に2カ所の工場群があります。飲料メーカーからの受託で、お茶類やコーヒー、乳飲料などを調合し、ペットボトルや缶につめて出荷しています。

　私はてっきり工場の生産ラインで働くと思っていたんです。ところが入社して事務職だとわかり、しかも課でははじめての高卒の採用だと聞いてびっくりしました。

　入社して半年後、工場の製造工程で研修をしました。実際に現場で働きながら、会社の業務の全体を把握し、一つひとつの業務について理解するためです。まず、飲料容器のペットボトルをつくるブロー成形の工程で研修しました。つぎは、お茶やコーヒーなどの製品液（飲料）を調合する工程。最後に、ペットボトルに飲料を充填し、ラベルとキャップをつけ箱につめる工程で働きました。

高校で扱った機械がひとつだけありましたが、ほかははじめてのことばかり。私はきちんとあいさつすることと、まじめに働くことだけは心がけていました。社員の人たちはみんな親切で、何でも教えてくれたので、ありがたかったです。

高校で身につけた技術を活かして

工場での研修を終えて生産統括部に戻り、今はさまざまな業務を見習い中です。たとえば電話応対です。基本、かかってきた電話はすべて、私がとります。まだ敬語に不慣れで、今のところ、いちばんの苦労かもしれません。

会議の資料づくりも、主な業務です。課長以上が出席する、月1回の生産作戦会議の資料は私がつくります。工場の製造能率、コストなどをまとめた資料で、工場長や担当課長から毎月のデータを集めて資料にまとめます。数字の間違いが許されない、緊張感のある仕事です。

工場で働く社員の勤務時間の資料も作成しています。労働基準法の範囲を超えて働きすぎていないかチェックするもので、社員数が多いですが根気よく作成しています。

上司にほめられてうれしかったのは、社員に行った「新しい事業のアイデア」のアンケートのまとめです。見やすさわかりやすさを追求し、グラフにまとめたり、文字の色

やフォントを変えたり、工夫しました。このような仕事に対応できるのは、高校の情報の授業のおかげです。ちゃんとスキルが身についていることを実感しています。

幅広い興味と経験が自分を強くする

　就職して一人暮らしを始めました。今まで料理もしてきたし不便はありません。考えてみると、仕事も新生活も何とか対応できているのは、高校までの幅広い経験と自信があるからかもしれません。高校の先生に「無人島でもやっていける」と言われたことがありますが、知識も技術も学べる農業科高校では、タフになれるような気がします。

　これから高校に入学するみなさん。興味の幅を広げて、どんどん挑戦しましょう。高校には楽しいことがたくさんあるし、多くの経験が自分を強くしてくれるはずです。

工場の製造ラインはもちろん、会社の幅広い業務を把握

5.章

農業科高校を
めざす！

自分の地域の農業科をさがそう

幅広い学科が、多様な「好き」に対応

　農業科の高校の在校生や卒業生に入学のきっかけを聞くと──、「○○が好き」という興味のあるジャンルがある、「手や体を動かすのが好き」「○○が得意」、あるいは「資格を取りたい」「将来○○の仕事をしたい」「農業系の大学に入りたい」という夢や目標がある、などさまざまです。

　すべてのベースにあるのは、やはり「好き」です。これまで紹介してきたように、農業科の学びのジャンルは幅広く、植物や動物、造園や土木、食品や調理、被服や保育など、さまざまな「好き」を受け止めてくれます。

　自分の「好き」は何か、よく考えてみましょう。

　でも、もしかしたら、そう簡単には見つからないかもしれません。実際、「なんとなく」農業科の高校に入学したという人もいます。

　それでも、だいじょうぶ。農業科の学びは「プロジェクト学習」がベースで、３年生になったら「課題研究」に挑

戦_{せん}します。そのため、どの生徒も自分の「好き」や興味の
あるものを見つけられるよう、先生が1年生のときから指
導をしてくれます。

　太陽のもと、学校の広い農場で動植物や大地にふれなが
ら、ゆっくりと自分の「好き」や「得意なこと」を見つけ
ていくのもよいでしょう。

学校見学会や文化祭に行こう！

　農業科の高校をめざすなら、家から通えそうな地域にど
んな学校があるか、まずは情報を集めましょう。そして、
実際に学校へ見学に行くこと。これがとても大事です。

　普通科_{ふつう}の高校とは違_{ちが}って、農業科では専門的な科目を学
ぶ上、実習もたっぷり。農業系の部活動や学校農業クラブ
の活動もあります。インターネットの情報やパンフレット
だけでは、授業や学校生活の具体的なイメージはつかみに
くいものです。

　そのため農業科の高校では、学校見学会や説明会、オー
プンキャンパス、文化祭、学校によっては部活動体験会な
ど、中学生が学校の雰囲気_{ふんいき}にふれることができる機会をた
くさん用意しています。

　見学には1回だけではなく、何度も足を運ぶこともお勧_{すす}
めします。特に文化祭は、生徒たちの作品や研究成果など
の展示があり、在校生から直接話を聞くこともできるチャ
ンスです。ぜひ訪れてみましょう。

水産科の高校

もある！

水産業や船の運航の人材を育てる

水産・海洋系の高校は全国に点在

　農業と並び、日本の食料生産を担う大切な産業に、水産業があります。島国の日本では、古くから水産業がさかん。そのため、農業科の高校と同じように、水産科の高校が各地に置かれ、水産業および関連産業で活躍するたくさんの人材を育ててきました。

　また水産科の高校は、漁船や貨物船、客船の運航に必要な「海技士」という免許を取る養成機関としても、大きな役割を果たしています。

　最近は、校名に「海洋」とつく高校や、他の高校との統合によって「海洋科学科」など学科のひとつになっている高校もありますが、水産・海洋系の高校は全国に50校近くあります。群馬県や栃木県など「海なし県」にも水産科の高校があるいっぽう、海があるのに水産科の高校がない地域もあります。ただ、全国から生徒を募集している高校もありますので、入学は可能です。

水産業や海にかかわる幅広い学びの分野

　水産科の高校には、どんな学科やコースがあるでしょう。じつは農業科と同じく、つぎのような幅広い分野を学べます。

- ・「とる漁業」
- ・「育てる漁業」（栽培漁業・養殖漁業）
- ・海の環境、マリンレジャーなど海の活用
- ・水産加工など食品
- ・水産物の流通と販売
- ・船舶の操縦、海技士の免許取得
- ・船舶などの機関（エンジン）や工学、海技士の免許取得
- ・船舶の無線など情報通信、海技士の免許取得

　学校ごとに設置する学科は異なります。また、たとえば「とる漁業」と「船舶の操縦」がひとつの学科にまとめられ、学年が進むと専門コースに分かれることもあります。

学校の漁船でマグロをとりに行く実習も

　学科の内容について、もう少しくわしく紹介しましょう。「とる漁業」は、漁船で海に出て魚をとる漁業です。一人で行うものから、大型船に20人もが乗り組み世界の海で何カ月も魚を追うものまで、さまざまです。この学科では、実習船に乗って漁業の実習も行います。大型の実習船をもつ学校もあり、沖縄や赤道付近などで長期の実習を行い、マグロやカツオなどをとってきます。

　「育てる漁業」の学科では、卵から稚魚をかえす栽培漁業

と、稚魚を大きく育てる養殖漁業について学びます。

環境の学科では、海の生物や生態系、地質や水質などについて学び、調査や潜水の技術も身につけます。また、ダイビングなどマリンレジャーの専門コースもあり、海のさまざまな活用についても学びます。

食品の学科は、農業科の高校とよく似ています。地元でとれる水産物の缶詰やレトルト食品などの加工品を開発し、販売している高校もたくさんあります。

工学系の学科では、エンジンのほかに水中ドローンなどについて、情報通信の学科では船舶通信のほかに ICT（情報通信技術）、プログラミングなども学びます。

海技士の養成機関としての役割

水産科の高校には、船舶の運航にたずさわる「海技士」の養成機関という顔もあります。

海技士は国家資格で、①操船をする「航海」（1～6級）、②船のエンジン（機関）を担当する「機関」（1～6級）、③陸上や他の船舶と交信する「通信」（無線通信は1～3級、電子通信は1～4級）、の3種類と各等級があります。

世界の海を航海するには国際的なルールがあり、大型の船舶には、3級以上の海技士の乗船が必要です。

水産科の高校のうち、海技士の養成コースがあるのは、全体の4分の1ほどです。こうした高校には2年間の「専攻科」が付属していて、高校の3年間と合わせて5年間で3級の海技士免許が取得できます。これは、大学や専門学

校などあらゆる海技士の養成機関のなかで、もっとも早く
３級海技士になれるコースです。

地域の産業や社会と深いかかわり

　水産科の高校では農業科の高校と同じように、地域の産
業や社会と深くつながり、地域の課題を意識した学習や部
活動を行っています。３年生で「課題研究」を行うのも、
農業科と同じです。

　研究や活動のテーマは、たとえば海洋ごみ問題など海の
環境（かんきょう）の保全、海の植物を増やし生態系を保全、利用しにく
い小魚の加工品開発、水中ドローンで養殖（ようしょく）の作業効率を上
げる研究、魚の消費を増やす食育など、さまざまです。

　また、地域のイベントへの参加、小中学生向けの海の生
き物教室や魚料理体験など、地域活動にも積極的です。

おわりに

　今、若い人たちのあいだで、「かっこいい」仕事として、農業の人気が高まっています。畑の様子を動画に撮影してアップする、農業系のユーチューバー「農チューバー」や、ネットラジオで農業への思いを語る「農系ポッドキャスト」など、発信力の高い若手農家も増えています。
　販売でも、自社のサイトや通販サイトで直接販売をしたり、レストランのシェフと手をつないだり、新しい流れが生まれています。最近では、地方だけでなく、東京など都会でも農家になる人が増えています。

　ここで、ちょっとシリアスなお話をします。みなさんは「食料安全保障」という言葉を聞いたことはあるでしょうか？　これは食料の安定的な供給、つまり必要な食べ物がいつでも手に入るようにすることをいいます。2022年のロシアによるウクライナ侵攻の影響で、世界的に小麦などの穀物が不足し、パンやお菓子の値段が上がったのを覚えている人もいるかもしれません。紛争だけでなく、気候変動による農産物の不作も、このところ世界各地で起こっています。

　日本の食料自給率は、ここしばらく40パーセント足らず。しかも、化学肥料の原料や種子、家畜の飼料も輸入に頼っています。海外からの供給がなくなると、食の安全保障は大きくゆさぶられます。
　その上、日本の農業は小さな自営の農家が中心ですが、その平均年齢は68.4歳（2022年2月農林水産省の統計）。なんと半数は70歳以上です。10年後の日本の食料生産は、いったいどうなるのでしょうか。

しかし、暗い話ばかりではありません。今、日本では、食料自給率とともに肥料や飼料も国産の割合を増やす努力が加速しています。また、新しく農業を始めやすい支援の制度もどんどん充実しています。

最初にお話ししたように、自分の手で食料を生み出し、しかも自然環境にもやさしい農業をめざす人たちが増えています。職業というより、そのような「生き方」の選択といえるかもしれません。

農業は今後、ますます「かっこいい」仕事として、輝くことでしょう。

農業について、もうちょっと知りたくなった、という方。この本の仲間のシリーズに『農業者になるには』（なるには BOOKS 46）という本があります。また、中学生向けの「しごと場見学！」というシリーズにも『牧場・農場で働く人たち』（ぺりかん社）という本があります。

どちらも、農業の仕事について具体的にわかりやすく書いてあります。また、「かっこいい」農家さんのインタビューも盛りだくさんです。

図書館で探して、この本とあわせてお読みいただけると幸いです。

最後になりましたが、この本の出版にあたり、全国農業高等学校長協会および日本学校農業クラブ連盟に多大なご協力をいただきました。感謝申し上げます。また、取材にご協力くださった高校の先生方、生徒さん、卒業生のみなさま方に、心より深くお礼を申し上げます。

みなさまのいきいきとした目の輝きに、「この社会の未来は明るい！」と強く思いました。ありがとうございました。

[著者紹介]

●**大浦佳代**（おおうら　かよ）

ライター・フォトグラファー。海と漁の体験研究所主宰。東京海洋大学修士課程修了。農村や漁村の生活・文化・都市との交流などをテーマに取材・執筆している。著書に『牧場・農場で働く人たち』『港で働く人たち』『漁師になるには』『農業者になるには』（ぺりかん社）など、共著に『つくって楽しむ　わら工芸１・２』（農山漁村文化協会）、『森の学校・海の学校』（三晃書房）などがある。

なるにはBOOKS　高校調べ

農業科高校 ———中学生のキミと学校調べ

2023年10月25日　初版第1刷発行

著　者　大浦佳代
発行者　廣嶋武人
発行所　株式会社ぺりかん社
　　　　〒113-0033　東京都文京区本郷1-28-36
　　　　TEL　03-3814-8515（営業）
　　　　　　　03-3814-8732（編集）
　　　　http://www.perikansha.co.jp/
印刷・製本所　株式会社太平印刷社

※ 一部品切・改訂中です。　　　2023.09.